JN001774

好きしかいらない!

Need only what I Love.

最速でなりたい私を手に入れる方法

みゆう

Preface

まえがき

みんなには、欲しいものはある?

なりたい自分はある?

私はずっとこう思ってきました。

「お金を稼ぎたい」

「有名になりたい」

「ナンバーワンになりたい」

そして、願ったことは、すべて叶えてきました。


こんにちは、みゆうです。

大阪・北新地のキャバクラ「CLUB A(クラブエース=以下〈エース〉とする)」で6年半働いてきた元キャバ嬢です。

Preface まえがき

18歳で水商売の世界に入ってから、何度かお店は変わったけれど、エースでナンバーワンになって、最終的に年間数億円の売上を上げられるようになりました。バースデーイベントでは、1日の売上が1億円を超え、引退式では2億円を達成しました。

私が自称したわけじゃないんだけど、「日本一のキャバ嬢」って呼んでくれる人もいる。そして2022年12月、キャバ嬢を引退し、第2の人生を歩み始めました。

水商売に戻ることは、二度とない。

「やり残したことはない！」って言いきれるぐらい、充実したキャバ嬢人生だったから。

今でこそ、2800万円の腕時計を買ったり、数百万円のバッグを買ったりしている私だけど、夜の仕事の出発点は、家賃5万円のアパート。

お金がなくて、食事はコンビニの弁当かカップラーメンだけだった。

そんな生活から、自分が想像もしていなかった場所まで行きつくことができたのは、エースを経営するAfactory（エースファクトリー）の綾田武司社長、松下健一副社長、お店で一緒に働くキャストや黒服のみんな、お客様、たくさんの人たちの支えのおかげ。

そして、「お金を稼ぎたい」「有名になりたい」「ナンバーワンになりたい」と強く願って、自分を信じ続けたからだと思ってる。

なりたい自分になるために、欲しいものを手に入れるための道のりは、決して平坦じゃない。時には、犠牲にしなきゃいけないこともある。

私は、YouTubeで日常の様子を配信しているから、「めちゃくちゃ強い人」っていうイメージを持ってる人も多いと思う。

「みゆうちゃんみたいに、言いたいことをハッキリ言える人になりたいです」

SNSで、そうコメントを寄せてくれる人もいる。

ただ、SNSやお店で見せていたのは、私の一面にすぎなかったりもするんだよね。

私にとって、初の著書になるこの本では、私が心の奥底で考えてきたことや、これまでずっと秘密にしてきたことも明かしていきたいと思ってます。

そして、キャバ嬢がどんな仕事なのか、ナンバーワンになるまでの道のり、華やかな世界の裏側、恋と結婚、そしてこれからの人生についても伝えていくね。

夜の仕事に興味がある人。

Preface まえがき

他人の視線ばかり気になって、自分に自信が持てない人。
やりたいことが分からず、人生に迷っている人。
私の生き方から何かを感じてもらえたら嬉(うれ)しいです♡

Contents

まえがき 002

Chapter OI

トップの資質、トップの努力

自分を信じてない人は、他人からも魅力的に見えない 014
憧れてもマネしない。その人を超えることを目指す 017
みんながやらないことを、あえてやってみる 021
一時しのぎのウソをつくより、正直に生きることを選ぶ 024
願いを叶えたいなら、つまらないプライドは捨てる 026

見た目ほどものを言う。〝高い女〟に自らなる 030
弱点は強みに変えてナンボ！ 036
欲を出すのは、自分が本当に欲しいものだけ 039
去る者追わず。目の前の人を大事にする 042
初めましての時ほど、〝昔からの友達〟を目指す 045
ただ流されるよりも、自分で考えて後悔するほうがマシ 049
嫌いな人には、時間も気持ちも1秒たりとも使わない 054
Column ― 綾田社長からのひとこと 058

Chapter 02

「日本一のキャバ嬢」のプライド

クラブエースとの出会い。ナンバーワンキャバ嬢への出発点 066
ナンバーワンになってからが、本当の闘い 071

Chapter

03

美はあるものでなく、つくるもの

私が私であるために、ナンバーワンで居続ける 078

突然のクビ宣告が教えてくれたこと 081

「時給を上げない」、たった一つの理由 086

お世話になっている人へのささやかな恩返し 090

信頼できる人とだけ、深く濃く付き合う 093

チーム戦でしか得られないこと 096

成長の裏には、女のバトルが必ずある 101

私の思う親孝行と〝二人のお父さん〟 108

Column 綾田社長からのひとこと 114

年齢や時代の変化に合わせた〝顔づくり〟 120
歯にこだわらずして、キャバ嬢ならず 124
清潔感を左右する肌と髪は徹底ケア 126
服の下からキレイを目指す 130
ダイエットは、自分のペースで 133
リフレッシュには、旅行がいちばん 136
整形は自分の顔をもとにアップデート 139
Column ― 門りょうさんからのひとこと 142

Chapter 04

お金よりも地位よりも、愛！

「男は金」ではないと気づかせてくれた人 148
セックスは相手を深く知るための手段 154

叱るのも、注意するのも、愛ある証拠 158
理想の家族と突然のプロポーズ 168
一生感謝してもしきれないこと 172
人気絶頂での引退を決めたワケ 176
社長がいなければ、見られなかった景色 180
Column ― 綾田社長からのひとこと 184
Column ― カズマくんからのひとこと 191

Chapter 05

なりたい自分になる未来

最愛に包まれた、最高の旅立ちの日 200
女の子に好かれる女になる 206
大事なことを伝えあって成り立つYouTube 209

新たな〝みゆう〟の未来　213
Column―門りょうさんからのひとこと　218
Column―綾田社長からのひとこと　221
あとがき　226

Chapter 01

トップの資質、トップの努力

自分を信じてない人は、他人からも魅力的に見えない

私もそうだけど、売れてるキャバ嬢には、いい意味で自己中心的な人が多いんじゃないかな。

「他の誰かのために」なんて考えてたら、自分のやりたいことのために全力を注げない。自分の目標の達成を考えたら、他の人のことを思いやっている余裕もないし、そもそも他人に興味がなかったんだよね（笑）。

もう一つ、売れてるキャバ嬢に共通の要素の一つが「負けず嫌い」。

一見、おっとりしてそうな子でも、心の中では「負けたくない！」ってメラメラ炎を燃やしてるからね。もちろん私も、自他ともに認める負けず嫌いで、勝つためならどんな苦労も惜しまない。

それは、子供の頃からずっと変わらないのかも。

こう見えて私、高校生まではけっこう本格的に陸上をやっていて、中距離の選手だったんだよ。しかも、高校はスポーツ推薦で進学したくらいのスポ根少女だったの。で、高校の陸上部に入って、毎日めちゃくちゃ練習してたんだよね。きついトレーニングが終わった後に、一人で自主練したり、食事管理も徹底したりとか。

ホンマに陸上だけに打ち込んでたから、美容も全然興味なかったし、真っ黒に日焼けしてて。恋愛したりとか、おしゃれしたりとか、キラキラしたイケてる高校生活じゃなかったんだよね（笑）。

それもこれも全部「大会で勝ちたい」っていう大きな目標があったから。

私は目の前の目標を達成することだけに全集中するタイプ。だから、頑張ることが全然苦にならなかったし、他の子のキラキラ高校生活がうらやましいなんて、これっぽっちも思わなかったんだよね。

夜の世界に入ってからは、持ち前の負けん気がさらにパワーアップしたかもね。

「お金を稼ぎたい」とか「有名になりたい」とか「ナンバーワンになりたい」とか、その時々で手に入れたいものは変わっていったけど、絶対に叶えてやるって、いつも思ってたから。

そういうのを常にハッキリ声に出していた時も、そうじゃない時もあったけど、周りの人は、みんな私がどうなりたいと思ってるのか、分かってたと思う。それぐらい気迫があったからね（笑）。

「自分の願望を前面に押し出して、達成できなかったら恥ずかしい」って思う人もいるらしいけど、「達成できなかったらどうしよう」って考えてる時点でダメでしょ！

あのね。「できなかったらどうしよう」とか、考えへんから！

私だったら絶対にできる。

絶対ナンバーワンになれる。

そうやって、いつも自分を信じてきた。

うまく言えないんだけど、そこには根拠のない自信みたいなものがあるんだよね。

自分を信じていれば、自然と堂々として見えるし、そういう態度がお客様を惹きつけるんだと思う。

自分を信じてない人は、他人からも魅力的に見えないよ。

憧れてもマネしない。その人を超えることを目指す

私が、エースに入った理由の一つが、門りょう様の存在。

エースファクトリーは、エース以外にも大阪市内に何店かキャバクラやクラブを経営していて、りょう様は、その一つ「Club MON」のナンバーワンに君臨していた人。〝りょうさん〟じゃなくて〝りょう様〟って呼んでいるくらいだから、私がどれだけ崇拝してるか、分かるでしょ？

りょう様の別名は「アルマンド姉さん」。

アルマン・ド・ブリニャックっていう世界的に見ても最高級のシャンパンがあるんだけど、りょう様は、このシャンパンを日本一おろしてアルマンドから表彰されたこともある。

アルマンドには種類があってそれぞれラベルの色が違う。

りょう様は、そのラベルを信号機に見立てて「アルマンド信号機」をそろえたり、何千万円クラスのアルマンドのシャンパンタワーを立てたり。とにかく伝説をつくりまくって

たんだよね。

りょう様が引退した時に、社長が「りょうちゃんがいないMON（門）は、MONじゃないから」って店を畳んだくらい、その存在感は大きかった。

私は、テレビでりょう様の特集を見たのをきっかけに、エースに入る前から存在を知っていて憧れてて。私が入った直後に、りょう様は引退してるから仕事ではあまり接点がなかったんだけど、今も公私ともにすごくお世話になっていて、今も憧れの人であることに変わりはない。

ただ、りょう様の接客術をマネしようと思ったことはないんだよね。

だって、私とりょう様は、別の人間。

顔も考え方もキャラも違うわけだから、私がりょう様のマネをしても、それがうまくハマるか分からない。ムリしてマネしようとしたら、かえって不自然になったり、自分の本来の良さが失われちゃう可能性だってある。

もちろん、ありのままじゃダメな時もあるし、努力も必要だよ。

ただ、自分自身が持っているキャラクターを活かした方向性の努力をするほうが成功できる確率が高いはず。

それに、「この人みたいになれたらいいなぁ」なんて思っているうちは、その人のことを超えられない。

「誰にも負けない。憧れの人すら上回るぐらいの存在になってやる」っていうぐらいの気概が必要。

私も、りょう様と同時期に働いていたら、「絶対に負けたくない！」ってりょう様に対しても思っていたはず。

それぐらいの強い思いの持ち主じゃないとトップには登り詰められないんじゃないかな。

SNSで「どうしたら、みゆうちゃんみたいになれますか？」って聞かれることも多い。そうやって女の子から憧れられるのは嬉しいんだけど、私のやり方をマネしたところで、みゆうになることはできないんだよね。

いろいろな接客術を見て盗んで、トライしてみるのはいいと思う。でも、それによって自分が自分じゃいられなくなるような感覚になるんだったら、それは長続きしないんじゃないかな。

何をしている時に自分がイキイキできるのか。自分の長所ってどんなところなのか。それを見つけて、持ち味を活かすことを考えたほうが、目指す場所に早くたどり着けそうな気がする。

だから、「どうしたら、みゆうちゃんみたいになれますか？」っていう質問の本当の答えは、一つだけ。

みゆうのマネをしても「ニセみゆう」ができあがるだけ。

ニセモノは本家には絶対に勝てない。

だから、私みたいになりたいなら、私のマネをするんじゃなくて、私を超えることを目指してね！

みんながやらないことを、あえてやってみる

キャバ嬢はみんなSNSをやってるけど、大胆に肌を露出した画像をあげてる子って少なかったんだよね。

「だったら私がやればええやん」ってそんな軽いノリで始めたんだけど、そのおかげでまず男の人のフォロワーが急増した（笑）。さらに、水着で踊っている動画がツイッターでバズって、この時フォロワーが2万人を突破。

SNSをきっかけに私に興味を持って、来店してくれるお客様も増えてきたりしたから、「フォロワーを増やすって、めっちゃ大事なんや」って実感したんだよね。

だからエースに入ってからも、ずっと露出多めの画像をアップしてた。

海外旅行に行ったら必ず水着姿を投稿したり、YouTubeを始めてからは、下着コレクションを公開したり。

売れっ子になると、女性ファンを増やすために、女性目線を意識して肌の露出をだんだ

ん減らしていくキャバ嬢もいるみたいなんだけど、私の場合はあんまり変わらなかったんだよね。

でも、いつの間にか女性ファンがすごく増えてて。

私の露出多めの画像に食いついてくれた女の子がどれだけいるのか、よく分からないんだけど（笑）、今思えば、みんながやってないことをあえてやったのが良かったのかもしれないなぁって。

ツイッターでバズったのも、最初からそれを狙ってやってたわけじゃなかったけど、露出しているキャバ嬢が少なくて珍しかったからこそ、面白いって思ってもらえたのかもしれない。

お店で着る服も、他のキャバ嬢とは違う路線を意識してた。

ほとんどの子が着ていたのが、ヒラヒラした生地でデコルテが大きく開いていてセクシーな〝キャバ嬢ドレス〟。

だから、私はあえてキャバ嬢ドレスじゃなく、ルイ・ヴィトンやクリスチャン・ディオールのワンピースを着たりして。

そういうハイブランドのワンピースって、胸元が大きく開いているデザインのものってあまりないんだよね。

それに〝見せないエロさ〟みたいなものが出せるかなっていう気持ちもあって、首まであるようなワンピースを選んでた。

お店では胸元を見せない一方で、ＳＮＳでは露出しまくる。

意識していたわけじゃないけど、結果的にそのギャップも良かったのかもしれないね。

一時しのぎのウソをつくより、正直に生きることを選ぶ

私の接客スタイルをひとことで言うと、自然体。

正直、すごいテクニックがあるわけでもないし、銀座のお店のホステスさんみたいに「日経新聞とスポーツ新聞を隅から隅まで読んで……」みたいな細やかな努力もまったくしてない！（笑）

じゃあどうして、トップに登り詰めることができたのか。

それは、「売れたい！」っていう気持ちを隠さなかったからだと思う。

私は思っていることをすぐに言っちゃうし、計算して会話する……みたいな高度なテクニックなんてない。

「私は、クラブエースのエースになりたい。だから応援してほしい」

「みゆうのこと好きやったら、応援してほしい」

お客様には、正直にそう伝えてた。

「お客様の名前を忘れないように」と、名刺の裏に顔の特徴をメモしたり……みたいなことも、全然やってなくて。

基本的に、シャンパンをおろしてくれるお客様の名前と顔は覚えてるよ。

でも、久々だったりすると、たまに忘れちゃうこともある。

そんな時、どうするか。

私は、もし忘れたら「ごめん、誰やっけ？」って正直に言っちゃう。名前忘れているのに、覚えているフリして探り探り接客するの、めっちゃしんどいから。

それに、何かのきっかけで名前忘れていることがバレちゃったら、「俺の名前忘れてたくせに、知ってるフリしてたわけ？」って、お客様を余計にガッカリさせちゃうことになる。

だから正直に言っちゃったほうが、自分もラクだし、あとあとお客様を失望させることもないんだよね。たしかに、名前忘れてるって失礼だなって自分でも思うけど、取り繕っても仕方ないから。

キャバ嬢やってたら、小さなウソはつかないといけない場面があるけど、名前を覚えてないのに覚えてるとか、しょうもないウソをつくのは、あんまりメリットを感じないんだよね。

026

願いを叶えたいなら、つまらないプライドは捨てる

エースの場合、キャバ嬢のランキングは、売上、指名本数、同伴数をポイント化したもので競い合う。なかでも売上はすごく大事で、いかにここを稼ぐかにかかっていると言っても過言じゃない。

エースにも安いお酒やソフトドリンクはあるんだけど、それだと、何杯飲んでもらっても売上はなかなか増えていかないんだよね。だから、お客様に高いお酒を頼んでもらう必要がある。

どうやって、高いお酒を頼んでもらうのかというと、これもすごく単純。「何飲む？」って言いながらシャンパンメニューを渡すだけ。すると、お客様は必然的にシャンパンボトルをおろしてくれることになるというわけ（笑）。

でもね、この私でも、エースに入ったばかりの頃は、お客様に気を遣ってて、「誕生日

とか特別なイベントならまだしも、なんでもない日なのに、シャンパン入れてほしいなんて、ずうずうしいかな」なんて思ってた時期もあったんだよね。

そんな私を変えたのが、松下副社長のこの言葉。

「みゆうは遠慮してたら、あかんねん！」

たぶん、副社長は私のキャラクターを見抜いてくれていたんだと思う。

それで、イベントじゃない日もお客様に「シャンパン飲みたいです♡」っておねだりしてみたら、難なくおろしてもらえた。

それでようやく気づけたの。

「なんや、遠慮する必要なんてなかったんや」って。

それからは、遠慮せずにシャンパンをおねだりするようになったんだ。

で、それが続くと、だんだん「みゆうの席では、シャンパン以外を頼むのはありえない」みたいなムードに自然となっていくんだよね。

そうなると、自分がゴリゴリお願いしなくても、一度の来店で数百万円使ってくれるお客様が続出するようになる。

もちろん、頭ではちゃんと自分の売上を計算していて、「今月は売上足りないから、もうちょっと欲しいな」っていう時は、「今日は、これが飲みたいな♡」って、シャンパンの中でも高めのものをお願いすることもあるよ。

ただ、お客様によっては自分からおねだりしないほうがいいこともある。

有名企業の社長さんとか、権力も地位も持ってそうなお客様に多いかもしれない。

「○○のシャンパンをおろしてほしいです」って自分からストレートにお願いすると、「僕を誰だと思ってるの?」みたいな良くない感じになったりしそうで。

そういうお客様の性格は、話しているうちになんとなく摑めてくる。

キャバ嬢の中には、「お客様に高いお酒をお願いするなんてできない」って言う子もいるかもしれない。

私も昔はそうだったから、気持ちは分かる。

でも、それってお客様のことを思いやっているようで、実は自分が傷つきたくないだけなんだよね。

お客様に断られて気まずい思いをしたり、「コイツ、ずうずうしい子だな」って嫌われるのがイヤ。そんな思いがあるからなんじゃないかな。

ナンバーワンになるなら、そういうプライドは邪魔なだけ。

断られたら、「そっかぁ」って思えばいいだけだし、そのお客様には次から言わなければいいだけ。

もっと言えば、自分にとっては高いシャンパンを入れてくれるお客様のほうが大切なわけだから、お願いしてみることで、そのお客様が自分にとって大切にすべき人かどうかも、ハッキリ見えてくると思う。

これって、キャバクラに限らず、日常生活の人間関係にも言えることじゃないかな。

自分の希望が叶うかどうかは分からないけど、本音を伝えてみるって絶対に大事。

だから私は、お店でもそれ以外の場所でも遠慮はしない。

自分はどうしたいのか、それを大事にするし、きちんと言葉に出して伝える。

言ってみてダメならその時、考えればいい。

伝える前から諦めちゃダメ。

つまらないプライドにこだわってたら、自分の願いなんて、いつまでたっても叶わないよ。

030

見た目ほどものを言う。
〝高い女〟に自らなる

高級シャンパンをおろしてもらうための方法の一つとしてやっていたのが、〝高い女〟だと思ってもらえるためのセルフブランディング。

たとえば、インスタに載せる写真。

私はお店で日常的にお客様と写真を撮ってたんだけど、お客様がおろしてくれた高級シャンパンのボトルやシャンパンタワーを意識的にインスタにアップするようにしてたの。

そうしたら、「みゆうが席につく時には、これぐらいのレベルのシャンパンをおろさないと」っていうイメージが自然とついていったんだよね。

指輪やネックレスも、ハリー・ウィンストンとか、ハイブランドのゴージャスなものをつけたり。お店以外の写真の時も、バッグや時計はハイブランドの私物ばかりをアップしてた。

そうやって、印象的な投稿が続くと、フォロワーも増えていく。

インスタのフォロワーは、エースに入った当初は2万〜3万人ぐらいだったんだけど、今では約50万人（2023年3月現在）。

インスタをきっかけにお店に来てくれるお客様もいるし、フォロワー数が増えれば、「この子、人気あるんだな」って分かりやすいから、インスタへの投稿は、かなりマメにやってたよ。

お店で着る服にもこだわってた。

なんせ、お店で着る服は、どれだけ自分をよく見せられるか、という点で〝戦闘服〟だからね。

さっきも話したように、私の〝戦闘服〟は絶対に、ルイ・ヴィトンかディオール！

キャバ嬢は2万〜3万円ぐらいのドレスを着ていることが多いと思うんだけど、あえて1着50万円もする高級なワンピースを着てたの。

そうすることで、「この子は、他の女の子と違う」って思ってもらえたらいいなって。

あと、高価なものを身に着けていると、「この子、売れてるからこんないい服を着てるんだな〜」って思ってもらえるんじゃないかなって。

お店の更衣室に私の専用ラックがあって、ワンピースは全部そこにかけていて、その中から着たい物を選んでいた感じ。その日に来るお客様の好みに合わせて選ぶこともあれば、インスピレーションで選ぶこともあったな。

でもね、実はエースに入ったばかりの頃は、私もみんなと同じように街中のショップで売ってる3万円ぐらいのキャバ嬢ドレスを着てた。

ハイブランドのワンピースを着るようになったきっかけは、綾田社長がグッチのワンピースをプレゼントしてくれたこと。

初めてブランド物のドレスを着てみたら、気分がものすごく上がって、「こういうの、もっといっぱい欲しい！」って思ったんだよね。

高価なものを身に着けると、それにふさわしい自分にならないと！　と思って、背筋がピンと伸びる気がする。

それで、ハイブランドのワンピースをいろいろチェックするようになって、グッチとかミュウミュウのワンピースを着ていた時期もあるけれど、最終的に行きついたのが、ヴィトンとディオール。

ショップの常連になったから、新作が入るとお店の担当の人が画像を送ってくれるの。それで、「これが欲しい」って指定しておいて、お店で試着して似合っていたら即買い。

新作が入ったらすぐに行かないと、他の子とかぶっちゃうからね。

最初は、エースではハイブランドのワンピースを着ている子はほとんどいなかったんだけど、私が着始めてからだんだん増えてきて。良いものは「先手必勝！」なわけ。

もちろんワンピースは全部、自腹で購入！　40～50着あるはずだから、ドレスだけで2000万円分くらいは使ってるはず。ドレスに2000万円⁉　って驚かれるかもしれないけど、自分への投資だと思えば、全然惜しくない。

〝高い女〟のイメージ演出によって、売上が上がれば、ドレス代なんて余裕で回収できるから。

イベントの時は、めっちゃ豪華なプリンセス系のロングドレスをレンタルするんだけど、そのドレス探しもけっこう大変。

「白で胸元が開いてるもの」とか、自分が希望するイメージを固めておいて、それをドレスショップに伝えておく。

試着してみて、なかなか「これぞ！」というものが見つからないこともあるんだけど、「まぁいっか」レベルで妥協したくない。

イベントの中でも特にバースデーイベントは、1年の自分の頑張りの総決算。だから、妥協したドレスで挑みたくないんだよね。

ドレスショップの人にはお手数をかけちゃうけど、いろいろ探してもらって何度も足を運んで、納得できる一着を見つけるようにしてた。

なぜ、身に着けるものにこんなにこだわっていたかというと、私自身もお客様の身なりをかなりチェックしてたから。

「このお客様は、たくさんシャンパン入れてくれそうやな」って判断する要素の一つが、お客様の服や持ち物だったんだよね。

特に初めてのお客様の時は、必ず身なりに目が行く。

服だけじゃなくて腕時計やバッグも要チェック。

そして一番大事なのが、クレジットカード。

支払いの時は、カードがブラックなのか、プラチナなのか、それ以外なのかというのは必ず見てた。

やっぱりお金持ちのお客様は、めちゃくちゃ高価な腕時計をしてるし、ブラックカードを持っていたりする。

つまり、人は身なりや持ち物で、さまざまな情報を入手して、相手を判断しているってことなんだよね。

だったら接客する側の私も、〝高い女〟だと思ってもらえるように、それなりのお金をかけないといけない。

「見た目なんて、その人の本質には関係ないよ」って言う人もいるかもしれないけど、少なくともキャバ嬢の世界においては、それはきれいごとにすぎないんじゃないかな。

弱点は強みに変えてナンボ！

「キャバ嬢ってお酒が飲めなきゃ売れっ子になれないんでしょ」

そう思ってる人、けっこう多いかもしれない。

もちろん、お酒がたくさん飲めるのは武器の一つにはなるけど、マストじゃなかったりする。

これを言うと驚かれるんだけど、実は私も、お酒が弱くてほとんど飲めない。

お店でも、お客様がシャンパンをおろしてくれたらグラスに注がれたのに口をつけるだけだし、営業前の同伴やアフターでも基本的にお酒は飲まないよ。

お酒が飲めないのは、キャバ嬢としては一見、致命的な弱点のように思えるかもしれないけど、私はこれをプラスに捉えてる。

なぜなら、「お酒の失敗」が少なくて済むから。

お酒を飲む人なら誰しも経験があると思うんだけど、どんなに強い人でも酔えば気が大きくなるし、言わなくても言いことをつい口にしちゃったりとかするやん？

私はただでさえ思ってることをハッキリ言っちゃうタイプだからね。アルコールが入ったらズバズバ度合いが高まって誰にも止められないレベルになりそう……って、自分で分かってるから（笑）。


あと、お酒を飲んでいないから、いつも冷静に接客できるっていうのも大きいよ。

お客様のすみずみまで目を配れるし、「今日は、あんまり売上いってへんな。あとこれくらいのお酒おろしてもらわんと……」って、頭の中でシビアに計算できる。酔っちゃったら、「売上たってへんけど、まあいいや～」って自分に甘くなっちゃいそうな気がするね。

「周りは酔っててテンション高いのに、自分だけシラフってキツくない？」って聞かれたりするけど、全然問題ない。

だって私、シラフでも酔っている人並みにテンション高いから（笑）。

一滴もアルコール飲まなくても、周りのテンションに余裕でついていける。何なら一番テンション高いかも（笑）。

体力を温存できるのも、下戸キャバ嬢のかなり大きなメリット。

アフターに行って飲みまくって二日酔い……とかもないから、体も頭も毎日ベストな状態で出勤できる。私が長年働いてきて、つぶれちゃったのは1回だけ。

そう考えると、ナンバーワンになれたのは、お酒が弱かったおかげかもしれない。

ただ、飲めないことが自分の強みだと思えるようになったのは、エースに入ってからかな。

エースに入る前はガールズバーで働いていたんだけど、その時は、お客様のキープボトルがなかなか減らないから、「もっと飲めたら良かったなぁ」って思ったこともあった。

でも、エースのお客様の場合は、ボトルを頼む人は少なくて、ほとんどのお客様がシャンパン飲み切りだから、私が飲めなくても売上が減るわけじゃないんだよね。それに、自分が飲めなくても、黒服のみんながたくさん飲んでくれるから、大丈夫♡

ちなみに、お客様には「飲めない」とは言わないよ。

だって、そう言ったらシャンパンをおろしてもらえないからね。

「私、お酒、弱いんだよね」とだけ言います。

欲を出すのは、自分が本当に欲しいものだけ

「今度、誕生日でしょ。何かプレゼントするよ」

「バッグとかアクセサリーとか、欲しいものないの？　なんでも言ってよ」

お客様にそんなふうに言ってもらえること、けっこうよくある。

正直、すごく嬉しい。それに、バッグでもアクセサリーでも、「いいなぁ」って思っているものは、いっぱいある。

でも、こういう時、私は絶対にお客様に買ってもらわない。

私がキャバ嬢をやっていたのは、高価なものが欲しいからじゃないし、ましてやお客様にプレゼントを買ってほしいからでもない。

私がキャバ嬢を続けてきたのは、ナンバーワンになりたいから。

私にプレゼントをしてくれるお金があるなら、その分、お店で使ってほしい。

だから、こう答えてた。

「ホンマにありがとう。すっごく嬉しいけど、その分お店に来てもらって、みゆうのこと応援してくれると嬉しい♡」

そう言うと、これ読んでる人の中にはこんなふうに思う人もいるかもしれないね。

「せっかく買ってもらえるのに、もったいない。もらっておけばいいのに」って。

でもね、それは違うと思う。

だって、エルメスのバッグでも、ディオールの服でも、ルブタンの靴でも、欲しいものは全部、自分で稼いだお金で買えるから。

だけど、ナンバーワンになるのは、自分の力だけじゃできない。

お客様の応援がないと、ナンバーワンにはなれない。

自分が求めているものがハッキリ分かっていたから、プレゼントを断ることも全然躊躇しなかったし、もったいないなんて思いもしなかった。

実はね……。お客様に高価なものを買ってもらっていた時期もあったんだよね。

でも、ある時、関係がギクシャクしたお客様に「今まであげたもの、返して」って言われたことがあって。ちょっとビックリしたけど、「返してほしい」って言われたものを持ち続けているのは、あんまりいい気分はしないから、即、返したよ。

それ以来、お客様にプレゼントを買ってもらうのはやめました。

私はナンバーワンになることに対しては、とことん貪欲だけど、それは、ナンバーワンになることこそが、自分が一番〝欲しいもの〟だったから。

「あれもこれも」と自分が本当に求めているもの以外に、余計な欲を出すと、結局、自分がイヤな思いをすることになるし、本当に求めているものも手に入らないってこと、忘れちゃいけないと思う。

去る者追わず。
目の前の人を大事にする

すごくお金を使ってくれるお客様を「太客（ふときゃく）」って言うんだけど、私にも何人かそういう人がいた。そういう人たちの応援のおかげで、私はナンバーワンになれたし、最高で年間数億円売り上げることもできた。

太客のお客様には、最初に指名した時からずっと通い続けてくれている人もいるし、そうじゃない人もいる。

太客が途切れるのは、キャバ嬢にとって一番の恐怖かもしれない。太客が一人いなくなるだけで、売上がめちゃくちゃ変わってくるから、その恐怖に耐えられなくて病んじゃう子もいるって聞いたことがある。

その恐怖を味わいたくないから、太客をつなぎ止めておくために、駆け引きをしたりする接客スタイルもあると思う。

たしかに、太客が離れていくのは、メンタル最強の私でも本当に怖かったよ。

でもね、太客のお客様が一人、離れていったら、しばらくすると、また別の太客が現れるの。

これは本当に不思議なんだけど、「捨てる神あれば拾う神あり」ってことなんだと思う。相手を試したり、駆け引きしてみたって、何も生まれないし、少なくとも私にはそのメリットが全然感じられない。

だから、どんなに大変な時でも、病まずにお店に出勤し続けること。それしかないんじゃないかな。

「指名替え」と言って、それまで私を指名してくれていたお客様が、次に来た時には、他の子を指名していることもあったりする。

本音を言うと、それはやっぱり悲しいよ。

「私の接客じゃ、楽しくなかったんかなぁ」って考えたりもする。

やっぱり人間どうしだから、合う、合わないって絶対にあるんだよね。私の接客スタイルはある意味独特だから、それじゃ不満だというお客様もいると思う。

でもね、それって仕方ないんだよね。嘆いていてもどうしようもならないから、サッサと切り替えちゃう。「あのお客様に好かれるためには、こういうふうにすれば良かったかな」なんて引きずったりしない。

自分が一番気持ちを注ぐべきなのは、私を指名して応援してくれるお客様。

それなのに、自分から去っていったお客様に気持ちを引っ張られるっていう状態は、私を指名してくれているお客様に対して失礼だなって思っちゃう。

「去る者は追わず」ってことだね。

初めましての時ほど、“昔からの友達”を目指す

「さっきは、ありがとうね〜♡　またね！」

これはキャバ嬢ならみんなやっていると思うんだけど、お店が終わったら、その日来てくれたお客様にお礼の連絡をするのは、当たり前のこと。

基本的にお客様からのＬＩＮＥは、即レスするようにしてたかな。

指名してくれるお客様が増えてからは、連絡のやり方も変わったけど、エースに入ったばかりの頃はとにかく必死だったな。

まず、私の指名じゃないフリーのお客様でも、席についたら絶対にＬＩＮＥを聞いてたし、返信が来なくても、めっちゃ送ってた。

「同伴連れてって」だとさすがにストレートすぎるから、「ご飯行きませんか？」って誘ったり。

そこから自分を指名してくれるようになるか分からないけど、とりあえずできることはやる！　って感じだったな。

実は、最初のうちは、コピペのメッセージをいろんなお客様に送ってたの。だって一人ひとり、メッセージ打つのが大変なんだもん（笑）。だけど、そういう思いがこもってないメッセージって、やっぱりお客様も「手抜きしとるな」って気づくんだろうね。

心を入れ替えて、お客様一人ひとりに「この前は○○だったね」とか、エピソードも交えて送るようにしたら、返信率も格段に上がっていったんだよね。

ＬＩＮＥで何度かやりとりを交わすと、お客様の性格も分かってくるんだけど、初対面のお客様の中には全然会話が弾まないお客様も、何人かいたな。

そういう時は、スッパリ諦める。

そのお客様好みの自分を演出することもできるかもしれないけど、そうやって取り繕っても私は絶対にボロが出ちゃうタイプだから、結局長続きしないんだよね。

ただ、会話が弾まないお客様でも例外がある。

それが、照れ屋のお客様。

恥ずかしかったり、キャバクラに慣れていなかったりして会話が盛り上がらないお客様って、たま〜にいるんだよね。

「このお客様、全然盛り上がらなかったから、もう来てくれないだろうなぁ」なんて思っていたら、次回指名で来てくれたり。

それは、照れているだけで、実は私を気に入ってくれたということだから、自信を持っていい。

照れ屋のお客様は、シーンとするのが苦手で、女の子にしゃべってもらうほうがラクなはず。だから、いつも以上にグイグイ話しかけて、お客様が恥ずかしくないような空間をつくることに徹するかな。

初めてのお客様にも、かしこまった感じじゃなくて、昔からの友達みたいに接する。

「初めまして。みゆうと申します。お客様、お名前は？　お仕事は何をされているんですか？」

なんて、どこかの会社の受付嬢みたいな堅苦しい挨拶はナシ、ナシ！

初めてのお客様だから、当然私にも緊張感はあるよ。でも、お客様はそれ以上に緊張してるかもしれない。だから、できるだけ気を遣わせないように「来てくれてありがとう〜

♡」って、いきなりタメ語で話したりもするよ。

みゆうなりにその人の特徴を摑んで〝あだ名〟をつけちゃうことも。普段は絶対呼ばれないだろうけど、楽しい気分になれるもの。

キャバクラは、私たちキャストにとっては日常的な仕事の場だけど、お客様にとっては、普段とは違う非日常を味わいに来る場だからね。

お客様が職場で女性社員や秘書の人から受けているような対応をするよりも、普段とは全然違う世界を見せたほうが、楽しんでもらえるんじゃないかなって思うんだ。

ただ流されるよりも、自分で考えて後悔するほうがマシ

キャバクラはお客様にとって非日常の場で、女の子との会話や空間を楽しむ場。
そこから、恋愛モードに発展することも、やっぱりある。
私も何人かのお客様と恋愛をしたことがあるよ。

って言うと、「それって枕営業でしょ」って言われるんだけど、私に言わせれば、これは枕営業じゃないんだよね。
だって枕営業っていうのは、売上のために、付き合いたくもない男と付き合うことやろ？

いや〜、ありえへん！
どれだけお金を使ってくれる人でも、男としてイヤだったらセックスできへんから！
だから、お客様の中で恋愛関係になった人は、売上のために仕方なく付き合っていたわ

けじゃなくて、その時は本当に好きだったんだよ。

やっぱり、お金を持っている人って、仕事でもヤリ手だったりするからカッコよく見えるんだよね。私の知らない世界を教えてくれて、視野を広げてくれる男の人だったりもするし。

何より、ナンバーワンになりたいっていう私の夢を応援してくれる人って、すごく頼もしい存在。この人頼れるなぁっていう感情が転じて、恋愛モードになったりするわけ。

私、すっごく単純で、「自分のことを指名してくれたり応援してくれる人はみんないい人に違いない」って、すぐ信じるタイプ。

「応援の度合いが高ければ高いほど、つまりお金を使ってくれればくれるほど、私への愛情が多い＝私も好きになる」っていうのが、エースで働いている時の恋愛のパターンだったかもしれない。

お金と愛を引き換えにするつもりは全然なかったよ。でも、今思えば、お客様が使ってくれるお金が愛の重さのバロメーターになってる感覚は、正直あったのかもしれない。

「恋愛モードになったら……つまり、体を許したら〝自分の女〟になるから、もうお店でお金使ってくれなくなる。だから、お客様とは絶対に付き合っちゃダメ。『あなたのこと、好きですよ』って匂わせつつ、恋人になるかならないか、ギリギリのところで駆け引きする。それがデキるキャバ嬢」

キャバクラにはそういう説があるし、実際そう思ってるキャバ嬢もいると思う。

たしかに、それも一理ある。

でも、私にはそれができないんだよね。

なんせ、そんな駆け引きのテクニック、持ちあわせてないから。むしろ、「匂わせる」とか「駆け引き」とか、どうやってやるの⁉ 誰か、上手なやり方教えて〜って感じ（笑）。

私は匂わせとか駆け引きとかもしない。このお客様、好きだなと思ったら「好き♡」って正直に言うし、愛情の出し惜しみもしない。

もし、それで「みゆうは俺の女だから、もうエースに行って高いシャンパンなんておろさなくていいや」って言うお客様がいたら、それはそれで仕方ないよね。

「私のこと、応援してくれるっていう気持ちは、本物じゃなかったんだ……」って、一瞬ショックは受けるかもしれないけど、自分の見る目がなかっただけだなって思えばいい。

そういう人とは自然と距離が生まれるし、プライベートで会うこともなくなる。

ひとことで言えば、ご縁がなかったってこと。

私は、基本的に他人のことをすぐに信じちゃうけど、もっと言えば自分のことも信じてるんだと思う。

ただ、その性格のせいで、大変な目にあったこともあるから……。

たとえば、たくさん応援してくれるお客様のことを好きになりかけてたら、実は家庭がある人だったり、彼女がいる人だったりとか。

他にも、「うわ〜、私騙されてたんや！」ってこと、何度かあるよ。それなのに懲りずに信じちゃうから、また別の人に騙されるんだけどね（笑）。

でも、「相手に自分のすべてを見せることが怖い」って感じたことは一度もなかったんだ。

ただ、困るのが、全然好きでもないお客様に口説かれること。

それも実際に何度かあったなぁ。

ナンバーワンの座が不動になってからはそういうことも減ったし、もし口説かれても「今は仕事に集中したいから」ってハッキリ断ることもできるようになったけど、エースで働き始めた時は、色恋沙汰がやっぱり悩みのタネだった。

色恋はね、もうほーんまに、面倒なんよ（笑）。

私はすぐ顔に出ちゃうタイプだから、お客様に対しても、好きでもない人に好きなフリをするのは下手で。一方で、少しでも売上を上げたいって焦ってた部分もあったから、ハッキリ断るのも気が引けて……。

ただ、今思い返してみると、結果的にそういうお客様は、長続きしなかったな。

SNSでも、現役キャバ嬢の子から、色恋営業に関するお悩みがたくさん来てたりするんだけど、これに関しては、私も何が正解なのかはいまだに分からない。

だから、私がアドバイスできるのは「自分が何を一番大事にしたいのかをよく考えてみて」っていうことだけ。

大事にしたいものが売上なら、色恋するのもアリだと思うし、自分の心をすごく大事にしたいなら断ったほうがいい。

自分が「こうするべき！」って信じて決めたことなら、どんな結果になっても、後悔しないから。

いや、後悔するかもしれないけど……その後悔はきっと、何も考えずに流されて決めた結果よりも、ずっと小さいはずだよ。

嫌いな人には、時間も気持ちも1秒たりとも使わない

エースの〝エース〟になることだけじゃなく、もう一つ私には大きな目標があった。

それは、有名になること。

〝有名になる〟の基準は、人それぞれだと思うけど、もともと目立ちたがり屋だし、たくさんの人に顔と名前を知ってもらえる存在になりたかったんだよね。

それもあって、エースに入った当初からインスタには力を入れてた。

2020年からはYouTubeチャンネルも始めてる。

でもね、そうやって世間に知られるようになればなるほど、増えてくるのがアンチの存在。

「勘違いしてそうなバカ女」

「税金払ってなさそう」

こうやってあらためて見てみると、ホンマにひどい言われようだけど、私、アンチのコ

メントはあんまり気にしてない。

「私のことなんも知らん人たちが、ハエみたいにブンブンうるさいな〜」ぐらいにしか思ってないわ（笑）。

だって、いちいち気にしても仕方ないからね。

世間の反応を知りたくてエゴサすることもたまにあるけど、悪いことはあんまり気にしないかな。

「ふ〜ん、そうなんや。そういう考え方の人もおるんやなぁ」って思うぐらい。

有名になるだけなら、誰からも好かれる人を目指したほうが早道だったのかもしれない。優しくて気が利いて、賢い私を演出したほうが、たくさんの人から好かれそうだな、とも思うよ。

でもね、自分を曲げてまで好かれるのって、ムリがあるやろ。

私は、このままの私を好きになってくれる人がいれば、それでいい。

だから、素の自分を見せるのは怖くないし、その結果、アンチに何を言われようとも、私は気にしない。

今はこんな鋼(はがね)のメンタルの私でも、最初の頃は、まだ免疫がなかったから、アンチコメント見て、いちいち傷ついてた時期もあった。

でも、私が落ち込んだところで、アンチは何かしてくれるわけじゃないからね。

顔も名前も知らない人が書き込んでることに、いちいち落ち込んでることがアホらしくなっちゃって。

だって、そういう人たちって、私と直接対面することは一生ないやろ?

私、なんの迷惑もかけてへんのに、なんでそこまで言われないといけないのかなって。

エースのお客様ならまだしも、「私に1円も使ってくれてない人に文句言われてもねぇ……」っていうのが本音や。


それにね、私はアンチの人たちに声を大にして言いたい!

「あなたたち、私のこと好きやから見てるんですよね」って。

だって気になるから、私のSNS見ちゃうわけでしょ?

別に、「見ろや」って強制してへんし。私のこと嫌いなら、見なきゃええやん。

私、アンチの人って、ある意味すごいと思うんだよ。

だって、好きでもない私のために、わざわざ検索してYouTube見たり、コメント書き込んだりしてるわけでしょ。

嫌いな人のために、よく大事な時間を割けるなぁって。私なら、嫌いな人のために自分の時間を1秒たりとも使いたくないからね。

それに、私のYouTubeを見ることで、結果的に再生回数が増えて私の収入に貢献することになってるんだよ。

それでええの？（笑）

一方で、アンチの数以上に応援してくれてる人がたくさんいることも知ってるよ。

特に最近では女の子のコメントがすごく多くて、めっちゃ嬉しいんだよね。

すべてにお返事することは難しいんだけど、コメントは、できる限り目を通してます♡

ちなみに私、インスタのフォロワーは約50万人いるんだけど、自分がフォローしてるのは24人だけ！

少なすぎるって？

自分のインスタに流れてくるのは……本当に見たいものだけでいいので、フォローは厳選してます。

Column

綾田社長からのひとこと

「この子は天才や！」

みゆうちゃんがエースに入ってから数日後、僕は彼女の接客を見ていて、思わず叫びそうになりました。

彼女が類まれなる才能の持ち主だと気づいたからです。

それは、自分に好意を持ってくれるお客様を本気で好きになれること。

売上のために、本当は好きではないけれど〝好きなフリ〟をすることができる子はたくさんいる。

ですが、みゆうちゃんは、好きなフリではなく、自分にお金を使って応援してくれるお客様を心から好きになれるんです。

お客様を本当に好きになるというのは、実はとても難しいこと。

なぜなら、「本気で好きになったら、お金を使ってくれなくなるかもしれない」と恐れるからです。

それで、気を持たせたまま、いかにお金を使ってもらうかと駆け引きしてしまい、心が疲弊したり、お客様との関係がギクシャクしてしまうというのは、わりとありがちなパターンと言えるでしょう。

でも、みゆうちゃんには、それがまったくなかった。

むしろ、彼女は自分を指名して来てくれた人に対して「私のことを気に入ってくれてるんやから、信頼せなあかんやろ」とすら思っているような感じがしたんですよ。

計算ずくではないと伝わることで、お客様もみゆうちゃんのことをどんどん好きになっていく。

お金を使えば使うほど、好きになってくれることが感じられるから、お客様としたら「みゆうに笑顔になってもらう方法はこれしかない」ということになり、その方法を実行した時には喜びと達成感が生まれるのかもしれません。

「好きだと思われ続けるためには、たくさん応援しないと」というマインドがお客様に生まれ、それがどんどん売上につながっていくというわけです。

みゆうちゃんは、初対面のお客様に対しても、すごくオープンでした。

普通、お店の女の子は、初めて来たお客様に対して警戒したり躊躇したりしながら、どんな人なのかを探って、少しずつ距離を縮めようとするんですよ。

でも、彼女は一瞬で相手との距離を縮めてしまう。

初めから心が全開なんですよ。

きっと、人を疑うことを知らないんでしょうね。

もっと言えば、他人を信じられるだけでなく、自分のことも信じられる強さがあるんだと思うんです。


精神的な距離だけでなく、物理的な距離に関してもそうですね。

初めてのお客様に対しては、少し離れた場所に座る子が多いんですよ。

それで、お客様が乗ってきてくれたら、徐々に近づいていく。

でも、みゆうちゃんは初対面の人に対しても「もともと知り合いだったの？」ってこちらが勘違いしてしまうぐらい、親近感のあるような距離で接する。

お客様は最初、かなり驚くんですが、それはすぐに喜びに変わる。

そのパターンを僕は何度も見てきました。

ただ、お客様を一瞬で信じられる純粋な心がアダになったこともありました。

だいぶ前ですが、みゆうちゃんのお客様に、他人から借金したお金で飲み歩いている人がいたんです。

でもみゆうちゃんも僕らも、それにまったく気づけなかった。

いえ、正確に言えば、社長の僕の目には、少しばかり「この人は怪しいかも」と感じたことがあり、みゆうちゃんに聞いてみたのですが、彼女は「絶対に大丈夫ですよ」と、お客様のことを信じきっていたんです。

結果的に、このお客様には来店をご遠慮いただくことになったのですが、真実が発覚した時、みゆうちゃんは驚いていました。

「家の写真も見せてもらったし、あんな豪邸に住んでいたら本物のボンボンやと思うやん」って。

キャバクラは、非日常の世界を提供する場です。

お客様にどんな会社にお勤めなのか、どんな仕事をしているかなどをこちらから聞くことはありませんし、「お名刺をください」とお願いすることもありません。

また、クラブエースの場合は一見(いちげん)さんもＯＫなので、会員制クラブのように紹介制でなければ楽しめない場ではありません。

ですから、お客様がどのような職業なのか、エースで使ってくださるお金がどのようにして生まれたものなのか、まったく分からないですし、もっと言えば、こちらが一方的にお客様を信じるしかないんです。

信じきっていたからこそ、「騙されていた」と知った時は、みゆうちゃんも大きなショックを受けていました。

一度このようなことがあると、他のお客様のことも信じられなくなる子もいるのですが、それでもみゆうちゃんは、きちんと店に出続けて、お客様と向き合い続けた。

つらい目にあっても人を信じようとする強さこそが、彼女の武器になっていたのだと思います。

一方で、みゆうちゃんは、お客様の性格を一瞬で見抜く目も持っていた。

「このお客様には、『シャンパンおろして』ってガンガン頼まないほうがいい」というようなお客様には、あえて引いた接客をしていたり。

恥ずかしがり屋で口下手のお客様には、自分からグイグイ話しかけて、気まずい空気にならないようにしたり。

その場を支配する能力に長けているんです。

お客様の名前を忘れて「ごめん、誰やっけ？」と言うのも、通常、接客業なら考えられないことですよね。

ですが、常識を超えてくるのがみゆうちゃん。

彼女のキャラクターがあるからこそ、普通ならば失礼だと思われるようなことが、むしろ〝個性〟になる。

お客様も「失礼なヤツだな！」と怒るのではなく、「え〜、覚えててよ！　じゃあ今日は覚えといてもらえるぐらい、お金使って帰らないとね」となったりする。

彼女は意図してやっていたわけではないと思いますが、すべてをさらけ出すことによって、最大の結果を引き出すという能力を持っていたんです。

Chapter 02

「日本一のキャバ嬢」のプライド

クラブエースとの出会い。ナンバーワンキャバ嬢への出発点

「すごいな、この店……。こんな店、見たことない」

それが、クラブエースに初めて足を踏み入れた時の率直な感想。

エースは、他のどの店にもないくらい活気に満ち溢(あふ)れていて、ここには無限大の可能性が広がってそうな気がしたんだ。


私が夜の仕事を始めたのは、18歳の時。

当時はやっていたデコログというブログをやっていたら、そこにスカウトマンの海洋くんからメッセージが来たの。

「時給のいいガールズバーがあるんだけど、やってみませんか?」

そこでスカウトされて初めて、自分が知らなかった大人の世界に興味がわいたんだよね。

それまでは陸上命のスポ根少女で、夜の仕事なんてまったく縁がなかった。

だけど、ちょうどその頃、携帯を学校に持って行ったのが見つかって停学になって、部活にも出られなくなってずっと家にいたから、ヒマで仕方なかったんだよね。

「ためしに1回だけ……」

そんな好奇心でバイトしてみたら、ものすごく楽しかった。

これまで見たことも聞いたこともないような大人の世界に足を踏み入れた気がしたのも嬉しかったし、もともと人と話すのが好きで、人見知りしない性格っていうのも大きかったと思う。

そう考えると、性格的に夜の仕事に向いてたと思うし、ある意味、天職だったのかもしれない。

「こんなに楽しくてバイト代ももらえるなんてサイコー！」

1回だけのつもりだったのに、気づけば連日、店に行ってた。

それで、寝ないまま学校に行ってたりしたから、眠すぎて体力が持たず、部活にも身が入らなくなっちゃって……。陸上に未練がまったくなかったわけじゃないけど、それを上回るぐらいガールズバーが楽しかった。

当然、ママにも、めちゃくちゃ怒られた。

「そんなところでバイトするのはやめなさい！　夜の世界に行くのなら家を出ていきなさ

い！」って、猛反対されたよ。

「もうええわ！　だったら、出ていくから！　出ていけば文句ないやろ！」

私も子供だったから、めっちゃヒートアップしちゃって。

大ゲンカして家を飛び出して……。家賃5万円の狭いアパートを借りて、そこに一人で暮らし始めたんだ。

お金がなかったから、当時はとにかくお金を稼ぎたかった。

頑張れば頑張るほど、歩合でお金がもらえて評価がついてくる夜の仕事は、私にとってはすごくやりがいを感じられたんだよね。


ガールズバーの後は、大阪・ミナミのキャバクラ「ポニーテール」で働き始めて、その後、同じくミナミの「Club DUO」っていうキャバクラに移籍。

どの店でも、すぐにナンバーワンになれたし、自分で言うのもなんだけど、トップ独走状態だったから「追い抜かれたらどうしよう」みたいなプレッシャーは、ほとんどなかったな。

「それなりにお金が稼げて、毎日ただ楽しく働ければいいや」ぐらいの気持ちだったんだよね。

ついでに言えば、どの店も、最終的にモメてやめてきた。しょうもないことでケンカして、売り言葉に買い言葉で「じゃあ、やめます！」って。

今思えば、きちんと話し合いをして、お互いに歩み寄る方法もあったのかもしれないけどね。他に雇ってくれるところはいっぱいあるし、「別にやめても全然問題ないやろ」っていうのが本音だった。

エースに入ったきっかけは、ミナミのキャバクラ時代のお客様・結城ちゃん。

結城ちゃんが、門りょう様が働いていた「Club MON」の行きつけで、私がりょう様に憧れていることを知って、「じゃあ、会わせてあげるよ」って、「Club MON」に連れて行ってくれて。

りょう様に会えただけでも私は大感激で大満足だったんだけど、その後、私の人生を変える大きな出会いが待っていた。

MONの帰り、「ついでにもう一軒寄っていこうか」と、結城ちゃんが連れて行ってくれたのが、エースだったの。

店に入った瞬間、目を疑った。

その日は、水商売が一番ヒマな月曜日で、しかも外はどしゃ降り。

夜の街は閑散としていたのに、エースには溢れるほどお客様がいたんだよね。

「なんでこんなにお客さんがおるん⁉　すごいわ、この店……」

もう圧倒された。

しかも、それまでの私にとっては「1本おろしてもらえたらラッキー」っていうぐらいの高級シャンパンが、もう気持ちいいぐらいポンポン開いていくの。

それまで、自分が働いていた店を含め、お客様に連れて行ってもらったりして、いろんな店に行ってきたけど、こんな店は見たことがなかった。

もう反射的に言ってたわ。

「私も、ここで働かせてください」って。

「今働いてるキャバクラと掛け持ちはNGだよ」って返されたから、即座に働いてた店をやめたほど。それほどの衝撃だったんだ。

振り返れば、この日こそが、本当の意味でのナンバーワンキャバ嬢への出発点だった。

ナンバーワンになってからが、本当の闘い

実際にクラブエースで働き始めてみると、毎日が驚きの連続だった。

連日、すごい数のお客様が来て、すごい勢いで高級シャンパンが開いて、目ん玉が飛び出るぐらいの売上が出る。

北新地のお客様って、バンバンお金を使う人が多いんだけど、その中でもエースには、特に太っ腹なお客様が多い。

それに、この店が好きになったのは、すべてが〝本物〟だったから。

たとえば、「お客様が入れてくれたシャンパンの画像を撮ってSNSにアップする時は、必ず栓を開けてから」っていうルールがあったりする。

キャバクラの中には、本当はシャンパンを入れてもらっていないのに、画像だけ撮ったりしてすごいキャバ嬢だと演出する店もあると聞いたことがあったけど、エースは違う。

リアルを提供しているっていうところに、ものすごく惹かれた。

日本中のすべてのキャバクラを見たわけじゃないけど、こんなに勢いとリアルを兼ね備えた店は、エースグループ以外で存在しないんじゃないかな。

すぐにここは、日本一の店だと思った。

入店してしばらくすると、綾田社長がフリーで来るお客様を優先的につけてくれるようになった。

前のお店と同じように接客していたら、どんどんお客様が増えていって、半年もたたずにあっという間に3位に到達。

このまま行けば、すぐさまナンバーワンかなと思ったけれど、そこにはなかなかたどり着けない。それまでの店では、たいして努力もせずにすぐに一番になれたんだけど、エースの〝エース〟になるために乗り越える壁は、ものすごく高かった。

エースは、お客様の数がすごいだけじゃなく、働いているキャストの女の子たちのレベルもハンパなく高く、人数も多い（ちなみにエースグループ全体だとキャストは約200人。エースだけだと約60人）。

エースでは締め日が月に2回あって、締め日ごとに順位が発表される。

2週間で1クールなんだけど、他の店なら、2週間で500万円ぐらい売り上げれば、余裕でぶっちぎりトップになれた。でも、エースでは、それだと3位ぐらい。1位の子は、1000万円以上を売り上げてくる。

ひとことで言えば、毎クール繰り広げられる闘いが、他の店に比べてハイレベルすぎるんだよね。

クールが終わるごとに更衣室の壁にランキング表が張り出される。

売上金額や指名本数、同伴数がポイントに換算されて表示されていて、誰がどのくらい売り上げたのか、一目で分かるようになってるの。

「今回はけっこう売り上げたから、ナンバーワンになれてるかも」

そう期待しながら更衣室のドアを開けても、次の瞬間、目に飛び込んでくるのは、「3位　みゆう」の文字。

1位と2位の子は、私が頑張って頑張ってようやく積み上げた売上金額を軽く超えてくる。

「なんでこんなに売り上げてるのに、一番になれへんのやろ」

ロッカールームで悔し涙をぬぐったことは、何度もある。

営業マンと同じで、キャバ嬢は数字で判断される世界。

どんなに「私、めっちゃ努力したんです」って言っても、結果がすべて。

それは、すごくやりがいを感じるけど、一方でしんどさもある。

自分では最大限頑張ってるつもりなのに、結果がついてこない。

いや、正確に言えば、結果はそれなりについてきてるんだけど、ライバルもみんな努力してるから、なかなか追い越せないんだよね。

私が入ったばかりの頃は、「キヨちゃん」っていう圧倒的なトップの子がいた。

小柄でかわいらしくSNSもほとんどしない感じの子で、私とは対照的なタイプだったけど、毎クール着実に売り上げてくる。

だから、キヨちゃんを超えることが、私の課題になった。

後で詳しく話すけど、実は最初はそこまで本気でナンバーワンを目指していたわけじゃなかったんだ。だけど、ある事件があって、2018年の初め頃から真剣に頑張り始めたの。でも、3位と2位の繰り返し。

ようやくナンバーワンになれたのは、入店してから1年半後。

初めて私のバースデーイベントがあったクールだった。

ランキング表の一番上に自分の名前があるのを見た時、もう本当に嬉しかったよ。「ようやく、これまでの努力が報われた〜‼」って。

社長から「おめでとう」って言ってもらえて、キヨちゃんからお祝いの花束をもらったりして、もう有頂天だったな。

バースデーイベントは、1年の集大成とも言えるキャバ嬢にとってめちゃくちゃ重要なイベント。

これを口実にお客様をたくさん呼べるし、お客様もいつもより奮発してくれる。「バースデーで売り上げずに、どこで売り上げるん？」っていうぐらいだから、どんなキャバ嬢でもここに全集中して営業をかけまくる。

誕生日そのものは、実はエースで働き始めてから半年後に迎えてるんだよね。

ただ、この時は私の希望でバースデーイベントをやらなかった。

当時は、まだ太客がいなくて、バースデーでシャンパンタワーをやれる自信がなかったから。シャンパンタワーは、大きさにもよるんだけど、最低でも1000万円。高額なものだと5000万円以上になることも。

いくら年に一度のバースデーイベントって言っても、タワーをやってくれる人はなかなかいなかった。本当に自分を応援してくれてる太客じゃなければ、タワーを入れてもらうことは相当難しい。

エースでは、みんなそれなりに太客がいるから、バースデーの時、タワーをやってもらえる子が何人もいた。でも、私はバースデーなのにタワーがない……となると、けっこう寂しいものがある。

それで、初年度のバースデーイベントはあえてやらず、次の1年にかけることにしたんだ。

「次のバースデーでは、必ずシャンパンタワーをやります」って社長に宣言したの。

そうしたら、翌年、本当に2500万円のタワーをやってもらえて……。

結果的に、ナンバーワンになれた！

努力は必ず報われるわけじゃない。

時には、運も必要だったりする。

でも、少なくとも自分を信じて努力していれば、目標に近づけるんだと実感できたんだよね。

ちなみに、毎クールの競争の他に、年に一度、お店の中で競うイベントもある。

それが「エースクイーン」。

これはエースの中で、4日間で売上、指名本数、同伴数をポイント制にして競う周年イベント。

エースクイーンになるのは、エースで働くキャストみんなの目標でもある。それぐらい、この4日間は、みんな気合いを入れて売り上げてくるんだよね。

エースの女の子は売上が高い子ばっかりだから、エースクイーンになるのは、本当に難しい。

私も最初に参加した年は4位だった。1位になりたかったから、すっごく悔しくて。悔しすぎて結果発表の後に社長の前で号泣しちゃったぐらい。

ようやくエースクイーンになれたのは、3回目の挑戦の時。

めちゃくちゃ嬉しかったけど、ハイレベルな店で戦うのは、本当にシビアだなって実感したよ。

ナンバーワンになってからが本当の闘いかもしれない――。ずっと行きたかった場所にたどり着いた先には、新たな厳しさが待っていた。

私が私であるために、ナンバーワンで居続ける

エースで初めてナンバーワンになった後も、毎回ナンバーワンになれたわけじゃなかった。

バースデーイベントの結果がまぐれだったんだと思いたくないから、毎クール、常に頑張っていたけど、それでも2位止まりが多かったな。

ナンバーワンを維持できるようになったのは、それから1年くらい後。不動のエースだったキヨちゃんが卒業してからだった。

もちろん、エースのエースになれたのは、すごく嬉しかったよ。

でも、同時にこうも思ったんだよね。

「追われる立場ほど、しんどいもんはない」って。

追う立場の時も、決してラクではなかったよ。

「なんでこんなに頑張ってるのに、1番になれへんのやろ?」

「私には何が足りんのやろ。他に何をやればええんやろ?」

基本は自分を信じて頑張っていたけど、そう考えて落ち込むこともあったから。

でも、ナンバーワンになって追われる立場になると、しんどさの度合いが全然違ってくる。

エースの女の子たちは、本当に優秀で、ワンクールで数千万円売り上げるような子が数人いる。

だから、私も、ちょっとでも気を抜いたらすぐに抜かれちゃう。いつも追いかけられているプレッシャーは、ハッキリ言って尋常じゃなかった。

1回ナンバーワンになるだけなら、その月に猛烈に頑張ればいいんだけど、維持するのは、ホンマに大変やから!

「あの子、今月バースデーイベントだから、ついに抜かれるかも……」

そんなふうに考えるたびに、ものすごく怖くなる。

メンタルを相当強く持たないと、やっていけないと思う。

もちろん、その過酷なレースから降りることだってできたはず。

2位でも3位でもいいや。そう思えれば、どんなにラクだろうなぁって。

でも、せっかく摑んだナンバーワンの座を誰にも譲りたくなかった。

ナンバーワンであり続けないと、みゆうがみゆうでなくなる。

そんな気がしてたんだ。

エースをやめて他の店に行けば、もっと余裕を持って心穏やかに働くこともできたかもしれない。

でも、それも考えられなかったな。

私にとって、エース以上の店はないから。

社長、副社長、お客様、一緒に働くキャストや黒服のみんな。

どれをとっても、この店以上に素晴らしい店なんてない。

私にとっては、エースが日本一のキャバクラ。

だから、水商売はエースが最後って決めていたんだ。

突然のクビ宣告が教えてくれたこと

実は私、エースに入ってからしばらくは、めっちゃ適当に働いてた時期もあった。「今日、お客様の指名入ってないから、休んじゃお」とか、旅行に行くために突然、無断欠勤したりとか。黒服の人から「みゆうさん、今日出勤ですよね？　今、どこにおるんですか？」って慌てた声で電話がかかってきた時に、「今、旅行中やねん」とか、平気な顔して言ってたから。

今考えると、ホンマにありえへん。社会人として失格やなって自分でも思う。

でも、その時は、「そのぐらいのワガママ許されるやろ」って、どこかでナメてたんだよね。なんでかというと、当時、すでにナンバー3ぐらいになってて、ワンクールで数百万円ぐらいの売上も出せてたから。

「私、この店の売上にこれだけ貢献してるんやから、そんぐらい許されるやろ」ってそんなふうに、調子に乗ってたんだよね。

だからこそ、あの時はめちゃくちゃ衝撃を受けた。

その日、社長から呼び出されて、こう言われた。

「みゆうちゃん、明日から、もう店来なくていいから。お疲れさま。今日までありがとう」

何が起きたのかよく分からない。事態を飲み込めず、茫然(ぼうぜん)としちゃった。

……あれ、私いま、もしかしてクビになった？　でも、ナンバーワンじゃないとはいっても私、この店の中でかなり売り上げてるほうだよね？　その私をクビにするの？

社長は真顔で続けた。

「うちには他の女の子たちも、たくさんいて、みんな真面目に働いてる。みゆうちゃんだけが無断欠勤したり、突然旅行に行ってもＯＫとなったら、他の女の子が納得しないし、店全体の雰囲気が悪くなる」

社長は売上がすべてだとは思っていなかった。

ここをクビになったらヤバイ。とっさにそう思った。

私にとっては、エースグループ以外に魅力的な店なんてなかったし、他に行くところもない。

なんとかして戻りたい。でも……社長に頭を下げるのはイヤ。

これは、昔から私のダメな部分なんだけど、謝ることがホンマに苦手なんだよね。負けず嫌いが行きすぎて、「謝ったら負け」みたいな気持ちがあって……。人間関係が上手くいってる時はいいんだけど、一度つまずくと、そこから関係を修復するのがすごく下手で。

この時のことを思い出すと、自分でも恥ずかしくなるけど、当時の私は、ホンマに相当子供っぽかった。

だから、こっそり根回しした。

私を指名してくれているお客様たちに連絡して、『みゆうを、戻してあげてほしい』って、社長にお願いして」って頼んで。いつも店にお金を落としてくれているお客様の要望なら、さすがに社長も聞き入れるだろうと踏んでたんだよね。

でも、社長は首を縦に振らなかった。

「大変申し訳ないのですが、そうやって僕が折れてしまうと、みゆうのためにもなりませんから」

そうお客様に断ったらしい。

いつまでたっても、私が呼び戻される気配はなく、もうどうしようもなくなって……。

観念して、社長に頭を下げに行った。

「社長すみません。これからは、心を入れ替えて真面目に働きます。休む時は必ず連絡するし、無断で旅行に行ったりしません。社長のもとで出直したいので、もう一度、私を雇ってください」

社長はずっと、私がこう言ってくるのを待っていたんだと思う。

私の言葉を聞くと、社長は優しい眼差(まなざ)しで言った。

「売上のことは考えなくていいから、とりあえず毎日出勤してな。僕はな、みゆうちゃんは天才やと思ってるんや。もっともっと上に行ける才能がある。エースのエースだけじゃなくて、日本一にだってなれる。だから、このぐらいで満足しないで、努力してトップに登り詰めてほしい。そして、想像もしていなかったような景色を見てほしいんや」

これまでの私のワガママは、すべて水に流してくれた。

あの日を境に、私は生まれ変わったんだ。

指名のお客様が入っていなくても、月曜日から金曜日まで毎日きちんと出勤したし、少しでも売上を上げるために頑張った。

中途半端じゃダメ。

3位で満足してるようじゃ、一流にはなれない。

絶対にナンバーワンになりたい。

そう強く思えるようになったのは、この事件があったから。

どんなにしんどくても頑張れたのは、あの時、社長がかけてくれた言葉があったから。

社長がかけてくれたあの言葉を思い出すと、落ち込んでいても自信を取り戻せたし、どこまでも頑張れる気がした。

君は、もっともっと上に行ける――。

あの時、社長がかけてくれた言葉は、今も私を支えてくれている。

「時給を上げない」、たった一つの理由

「キャバ嬢って、すごく稼げるんですね」

私がYouTubeでハイブランドの私物を公開してるからなのか、コメントとかで、そういうふうに言われることがよくある。

なんせ2800万円のリシャール・ミルの腕時計とか、数百万円のエルメスのバーキンとか、1500万円のハリー・ウィンストンの指輪とかいろいろ公開してるからね。

「危ないから、みゆうさん自身にセコムつけたほうがいいですよ」って言われることも(笑)。

もとはと言えば、私も夜の世界に入ったきっかけは、お金が欲しかったから。だから、「夜の仕事＝稼げる」っていうイメージを持たれる理由は、よく分かる。

「キャバ嬢＝稼げる」は、ある意味では正解。

でも、ある意味では不正解。

というのも、スポーツ選手と一緒で、すごく稼げるのは、ほんの一握りの人だけだから。全然稼げずに、夜の世界を抜けて、昼間の堅実な仕事に戻る人もいるのが現実だったりするんだよね。

じゃあなぜ、稼げる人は億単位で稼げるのか——。

それは、歩合があるから。

システムはお店によって違うと思うけど、クラブエースの場合は、「時給+歩合」でお給料が決まる。この歩合の金額は売上金額によって変わるので、同じ店のキャストでもお給料が全然違ってくる。

つまり、売上が増えれば増えるほど、お給料はどんどん増えるし、億単位で稼ぐことも夢じゃないというわけ。

ちなみにエースの場合は、時給もキャストによって違う。

人気が出れば時給もどんどん上がっていくから、店に入ったばかりの子よりも、たくさん売り上げている人のほうが当然高い。

でも、私の時給は、引退するまで最初と全然変わってなかったんだ。

「みゆうちゃん、こんなに頑張ってくれて、すごい人気になったんやから、時給上げてあげるね」

社長からそう言われたことも何度かある。

だけど、ずっと断ってきた。

それは、時給を上げてもらうと、社長やエースに対する私自身の価値が下がってしまう気がしたから。

社長には、もう十分すぎるぐらいお世話になっていて、すごく恩も感じてた。

それに、もともとはお金が欲しくて始めた仕事だったけど、いつの間にか、お金を稼ぐことよりも、大切なことができていたんだよね。

だから、社長にはこう答えてた。

「私は自分で売上を立ててるから、時給は上げないでください。その分、私がもっともっと輝けるように、サポートをしてもらえたら嬉しいです」って。


お金はもちろん大事。

キャバ嬢にとっての歩合は、自分の努力の結果を表すものだから、歩合の金額が多ければ多いほど、励みになる。
でも、私が一番欲しかったのは、お金じゃない。
ナンバーワンであり続けること。
そして、〝エースのエース〟として輝くこと。
この店にとって、なくてはならない存在になること——。
そう強く思い続けたからこそ、今の私があるんだと思ってる。

お世話になっている人への
ささやかな恩返し

「みゆうさんって男前ですね」

そう言われることがよくある。

たぶん、なんでも言いたいことをズバズバ言うから……だと私は思ってたんだけど、理由の一つが「金払いがいい」ことらしい。

エースで働いている黒服たちからも言われたことがある。

お店には、「黒服」って呼ばれるボーイさんがいて、お酒を運んでくれたり、一緒にお酒を飲んで盛り上げたり、泥酔したお客様の対応をしてくれたりする。

キャバ嬢にとっては、まさに縁の下の力持ちみたいな存在。彼らの存在なくしてキャバ嬢は輝けないと言っても過言じゃない。

と言いつつも、私は黒服のみんなにめちゃくちゃワガママを言ってた（笑）。

特に、最後まで私の担当をしてくれた二人の黒服の浅沼さん（通称・ヌマ）と永井さん

(通称・アナゴ。「オマエ」って呼ぶこともあるよ♡　笑)にはいろいろ苦労をかけてた。

最初の頃は無断欠勤しまくってて、黒服からの呼び出し電話に出ないこともあったし、心を入れ替えて、ちゃんと仕事に真剣になってからも、黒服のみんなには無理難題をふっかけまくってたよ(笑)。

沖縄に旅行に行く3日前、ヌマに「レンタカーを予約して」って頼んだことがある。キャバ嬢が黒服にこういうお願いをするのは、よくあることなんだけど、私の場合は「オープンカーにして」とか車種や色まで指定したから、ヌマはめっちゃ大変やったらしい(笑)。

お店でも、頼んだことをちゃんとやってくれてない時は、後でめっちゃ説教したりしたこともあったしね。


でも、心の中では、感謝してたんだ。

だから、二人には日頃のお礼にプレゼントすることもあったよ。

別に、物やお金で気を引きたいとはまったく思わないけど、人が喜んでくれるのは純粋に嬉しいから。

お客様に対しても、贈り物をしたりすることもあるよ。

一緒に食事に行った時に、私が払うこともある。

お客様との食事では、基本的にお客様が全額払うものなんだけど、お店でたくさんお金を使ってもらった時は「この前のお礼がしたいから、今日は私が払うね」って。

こういうのって、気持ちの問題だと思うんだよね。

自分のお金を貯めることだけを考えたら、プレゼントあげたり奢(おご)ったりするのはマイナスでしかないけど、そんな小さいことでケチケチするのって、なんかイヤだよね。

お金や物じゃ人の心は買えないかもしれない。

でも、相手が喜んでくれれば私も嬉しいし、すごく気持ちがいい。

人間関係って、結局、その積み重ねなんじゃないかなって思う。

信頼できる人とだけ、深く濃く付き合う

キャバ嬢の宿命とも言えるのが、女のバトル。

私もそうだけど、売れているキャストはみんな、相当な負けず嫌い。

毎月、数字で誰が何位なのかがひと目で分かる究極の競争社会だし、当然、他の子の売上も気になる。

他の子に太客がどれだけいるのか、どんなお客様がどれだけ使ってくれているのか、逐一チェックしてた。

まあ、競争心と嫉妬心のぶつかりあいなんだよね。

だから、私は現役の間、エースのキャストの子とプライベートで絡むことはほとんどなかった。もっと言えば、キャストの女の子はみんなライバルだと思ってたから、仲良くする必要も感じていなかったんだよね。

なんと言うか……女の子どうしの関係って、ずっと苦手意識があったの。

中学や高校でも、女子どうしで群れるタイプじゃなかったし、正直言って、これまでの人生で親友と呼べる人も3人しかいない。

知り合いはめっちゃいるけど、「友達なんて別に多くなくてええやろ」って思ってるから。

気の合わない人とムリして一緒におるのなんて、疲れるだけやし。

本当に気の合う人とだけ、仲良くしてればそれでいいし、友達が少ないからって寂しいと感じたこともない。

その代わり、一度心を開いて仲良くなったら、とことん深く濃く付き合うタイプ。だから数少ない親友のためなら、どんな苦労も惜しまないよ。

親友が男友達にしょうもないことでイジられすぎて、落ち込んでたことがあったんだよね。

ちょっとした冗談ならいいけど、けっこうひどいイジり方だったから、友達から話を聞いて、もう頭にきちゃって文句言いに行ったもん！

結果的に、その男友達は親友に謝って二人は和解したんだけど、私はその後も彼のことを許せなくって。

自分の大切な人を傷つけられるのが、我慢できないんだよね。

エースでは、基本、一匹オオカミだったけど、その前に働いてきた店でも、みんなでワイワイっていうより、ハッキリ言って孤立してたかも。

相手のほうから近寄って来てくれれば仲良くなれるんだけど、自分から距離を縮めに行くタイプじゃない。

そのうえ、思ったことをズバズバ言っちゃう性格だから、誤解も受けやすいんだよね。

基本、女の子からは嫌われる。

昔からそれが、私の中で当たり前になってた。

エースでのある出来事を経験するまでは――。

チーム戦でしか得られないこと

2022年、私はエースの中で殿堂入りを果たしました。

これが何を意味するかというと、「ナンバー抜け」、つまり売上のランキングから外れるということ。

本来、キャバ嬢であり続ける以上は、ランキング付けされる運命から逃れられない。

でも、この頃、私はエースをやめてキャバ嬢を引退することを決意していたので、それを知った社長が、特別にナンバー抜けを提案してくれたの。

「今まで本当に頑張ってくれたから、この先は、ランキングを気にするんじゃなくて、のびのび働いてほしい。その中で、次の人生のことを考えていってほしい」

社長のその言葉がありがたかったし、正直、ホッとした。

これで、毎回ナンバーワンにならなくちゃいけないプレッシャーから解放される……。

もちろん、だからと言って怠けようとはまったく思わなかったし、結果的にその後も売上は落ちなかったけど、メンタルの安定感がそれまでとは全然違ったんだよね。

そうやって少し余裕が出てくると、見えるものも変わってくる。

お店の女の子たちと話せるようになってきたんだよね。

きっかけは、チーム戦だった。

エースでは、「チーム戦」という年に3回の恒例イベントがある。

これは、60人ぐらいいるキャバ嬢たちが4チームに分かれて、2週間にわたって売上、指名本数、同伴数の3項目を競いあうイベント。

私も何度も参加してるけど、負けず嫌いだから、絶対に負けたくなくて、とにかく自分が結果を残すことだけを考えてた。

逆に言えば、「自分が結果を残しさえすれば、それでいいでしょ」って思ってるところもあったのかもしれない。

でも、ナンバー抜けをした後、チーム戦でリーダーを務めて、考えがすごく変わったんだよね。

リーダーは社長が決めるんだけど、社長から「みゆうがリーダーをやって」と言われた時に、内心、こう思ったもん。

「私、絶対にリーダー向きのタイプやないやろ」って（笑）。

でも、これには社長の意図があったらしい。

「エースをやめた後の人生を考えて、他の人の面倒を見たり、みんなの気持ちを考えられるように人間性を磨いていってほしい」って。


それまで、店の子たちとはほとんど話す機会がなかったけど、リーダーになると、必然的に、しゃべらざるを得ない。

最初は、お互いに探り探りな感じだったな。

なんせ、これまでの人生で「女子からは嫌われる」が私の初期設定だったからね。

エースでも、女の子のほうから話しかけられたことがほとんどなかった。

「きっとみんな、私のこと『怖い』とか思ってんのやろな」って感じてたもん。

でも、実際しゃべってみると、全然違ってたんだよね。

「みゆうさん、ずっと話したかったけど、自分から話しかけられなくて」

「今度、私の席にも来てください！」

いや〜、これは衝撃やったわ。

みんながこんなふうに思っていてくれたなんて想像もしていなかったから。

お店にいる時はいつもお客様の対応で忙しかったし、私も自分から気さくに話しかけるタイプじゃないから、かなり話しかけづらかったみたい。

でも、話しかけづらいだけで嫌われていたわけじゃなかったって、初めて気づけたんだよね。

私は、誰に対してもそうなんだけど、相手のほうからグイグイ来られたら嬉しくなっちゃう。だからチーム戦で勝って、この子たちと喜びを分かちあいたいなぁって自然と思うようになって。

チーム戦では、本来ならリーダーがメンバーの強みや弱みを分析して、目標を設定したりする。でも、私、そういう細かいことが苦手だから、リーダーとしてみんなに伝えたのは一つだけ。

「みんなは指名本数と同伴数で頑張って。売上は、私がなんとかするから」

結果、1位を取ることができて、チーム戦の賞金がお店から出たんだけど、それも私は一銭ももらわず、全部チームメンバーの子たちに渡しちゃった。

だって、そのほうがカッコいいでしょ♡

このチーム戦をきっかけに、お店の子たちとようやく交流するようになったんだよね。「このお客様には、どう対応したらいいですかね？」みたいなことも聞かれるようになった。

ちゃんとしたアドバイスになってるか分からなかったけど、「私はこうやってたよ」とか「私なら、こうするかな」って考えてアドバイスしたりして。

もう、自分を頼ってくれる子たちがかわいくてかわいくて仕方ないなって思った。

一匹オオカミだった私の中にも、どうやら〝お姉ちゃんスイッチ〟があったらしい（笑）。

ただね、そのスイッチを入れることができたのも、ナンバーを外れて競争から解放されたからこそ。女の子たちを、ライバルじゃなく、やっと仲間として見られるようになったんだと思う。

まさに、社長の目論見通りだったわけだけど、それは、これから先、生きていくうえで本当に大きな経験だったと思うんだ。

成長の裏には、女のバトルが必ずある

キャバ嬢人生の中で、何度か女のバトルを経験してるけど、なかでも忘れられないのは、「進撃のノア」ちゃんとの出来事かな。

ノアちゃんは、エースグループの「ニルス」というお店で、長いことナンバーワンだった超売れっ子のキャバ嬢。

その後、グループ全体の統括マネージャーを経て、今は「ニルス」と、同じくエースファクトリーが経営する人気店で、北新地にあるクラブ「ランス」と「レイズ」の社長をやってる。

「エースグループと言えば〝りょうノア〟コンビ」って言われていたくらいで、りょう様と同時期に活躍していたノアちゃんは、りょう様と並んで〝エースグループの顔〟だったんだよね。

私はノアちゃんとは別の店舗だったから、あまり絡みがなかったんだけど、その存在はすごく意識してたよ。

というのは、ノアちゃんと私は、同じお客様を抱えていたから。

お客様は売れてる子をハシゴするのが好きだったりするので、ノアちゃんの店に行った後、エースに来て私と飲むっていうこともよくあった。

そういうことが続くと、自然とライバル視するようになる。

私は、「みゆうだけを応援してほしい」って思っちゃうタイプだから、「なんでノアちゃんのところで、高いお酒おろすん？　その分、私のところで使ってほしいのに」って思っちゃって。

加えて、お客様から「ノアちゃんはこんなこと言ってたで」とか、私にまつわるウワサとか聞いたりすると、火花がどんどん燃え上がっちゃってた。

今なら、「そのウワサ話の中にホントの話がどれだけあったんやろ？」って疑問に思う。

正直なところ、お客様の中には、そうやって女の子どうしがバトルしているのを見て面白がっている人もいたんじゃないかな。

でもね、ただでさえライバル視している相手のことだから、耳に入ったことは全部、真に受けちゃう。

そういうのが積み重なって、私がノアちゃんのインスタのフォローを外したら、お客様を通じてそれがノアちゃんに伝わっちゃったみたい。

ある日、ノアちゃんとアフターの店が一緒だった時に、ノアちゃんにめちゃくちゃ絡まれた。

「インスタのフォロー外したやろ！」って。

どうやら、ノアちゃんはかなり酔っぱらっていたみたい。

どうしよう……と思って、とっさにウソをついた。

「……外してないですよ」

「ウソつくな！」

次の瞬間、灰皿が飛んできた！

灰皿は私には当たらずに落下したけど、正直、めちゃくちゃビックリした。

「うわ〜！　私、想像以上に嫌われてんな……。ホンマにムリやわ、この人」って。

社長と副社長に電話して、「聞いてください、ノアちゃんに灰皿投げられました！」って、速攻言ったから（笑）。

以来、ノアちゃんのことは避けるようになっちゃったんだよね。

一方で、ノアちゃんは社長に呼び出されたらしい。

「みゆうちゃんは、俺の大事な仲間や。それに灰皿を投げつけるっていうのは、俺に損害を与えるつもりなんか？」って。

ノアちゃんはすごく反省して「ホンマにごめんな」って謝ってくれた。

その後も、会うたびに挨拶もしてくれたし、私のバースデーイベントにも来てくれて100万円も使ってくれたりしたこともある。

でも、私は……ずっと自分から話そうとしなかったし、距離を置いてた。

これは私の悪いところなんだけど、自分から歩み寄れない。

一度壊れた関係をつくり直すっていうのが本当に苦手なんだよね。

ずっと後になってからだけど、この時のことについて、ノアちゃんと話し合える機会があった。

そこでノアちゃんは、こう言ってたんだよね。

「バースデーイベントに行ってお酒おろしたりしてたのは、許してほしかったからじゃない。許してくれなくていいから、せめて応援させてっていう気持ちだった」って。

この言葉は、心にズッシリと響いたな……。

私、ホンマに大人気なかったなぁ。

それにね……。時間がたつにつれて、ノアちゃんがなんでこんなことをしたのか、なんとなく分かるようになったんだよね。

それは、私がひめかちゃんの存在を知った時。

ひめかちゃんは、エースファクトリーが経営する北新地のクラブ「レイズ」で働いてる子。

もともとは、ノアちゃんが社長を務める「ランス」で働いてて、入店から3か月でいきなり店のナンバーワンになった記録を持ってる凄腕キャバ嬢。

レイズに移籍後も、猛烈な勢いで売り上げてて、おまけに若くてかわいい……となれば、気にならないワケがない！

エースグループでは、普段はグループ全体でのランキングは出してないけど、どの店のどの女の子が人気があるのか分かるから、やっぱり意識はするよ。

自分よりもすごい子がいるって思うだけで、ものすごい恐怖と焦りを感じるんだよね。

ひめかちゃんが出てきてから、「みゆうは、もう落ち目だ」みたいにSNSで書かれたりするのも、気にしてないフリして、本当はちょっと気にしたりしていたから。

そう感じるようになってから、灰皿事件の時のノアちゃんの気持ちが、なんとなく想像できるようになったんだよね。

もしかしたら、当時のノアちゃんも、私に対してそういう複雑な思いを抱いていたのかなぁって。

りょう様と並んでエースグループを引っ張ってきた自負を持っていたのに、いきなり私が現れて、トップの座を脅かそうとしていると思ったら……そりゃいい気はしないよね。

加えて、私がりょう様に憧れていて、「りょう様、りょう様」って、べったりだったのも、よく思っていなかったのかもしれない。

今、社長として女の子のマネージメントをする立場になったノアちゃんは、女の子たちを見ていると、ふと、あの事件の頃の私たちを思い出すらしい。

それに、ノアちゃんはこうも言ってくれたんだ。

「みゆうちゃんのおかげで、私は成長できたと思う。だから、今では感謝してるよ」って。

その言葉は、本当に嬉しかった。

キャバ嬢にとって、ライバルは絶対に必要だと思う。

ライバルがいると、精神的にしんどいこともたくさんあるよ。

でも、だからこそ「この子にだけは負けたくない」って頑張れる。

〝女のバトル〟って言っちゃえばそれまでだけど、そんな単純な言葉では表せないくらい重要な存在。

振り返ってみれば、ライバルこそが自分を高めてくれる相手なんだなって思うんだよね。

私の思う親孝行と〝二人のお父さん〟

私には〝二人のお父さん〟がいる。

一人は、エースファクトリーの綾田社長。

血はつながっていないし、戸籍上は父親じゃないけど私にとっては、父親同然。

20歳でエースに入って以来、いつも私を励まし、叱(しか)って、成長させてくれた人。

私は社長に何度もピンチを救われてる。

ただの経営者と従業員という関係性を超えて、私の幸せを考えてくれて、導いてくれた。

だから、本当の父親以上に父親らしい存在なんだ。


血のつながっている本当のパパとは、友達みたいな関係。

パパは、大阪の繁華街でカジュアルファッションのお店「COOKJEANS」(クックジーンズ)を経営してる。

私が現役時代からご飯行ったり、最近はパパが好きなシーシャを一緒に吸いにいったりするくらい仲良し。

でも、私が夜の世界に入ったばかりの頃は、パパともめちゃくちゃぶつかった。

ガールズバーで働き出してすぐの頃、ひっかけ橋でチラシを配っていたら、仕事で近くにいたパパに見つかっちゃって。

私のことを見つけたパパは、真顔で近づいてきた。

「こんなところで、何やってんの？」

「……ガールズバーのバイトでチラシ配ってる」

「ガールズバー⁉……そんなところで働くのはやめろ‼」

めちゃくちゃ怒られて、無理やり家に連れ戻された。

みゆうは陸上もそうだけど、自分でやるって決めたことは、親に言われたからといって絶対にやめたくないタイプ。

だから超ムカついて、こっそり家を抜け出した。でも、また見つかって家に戻されそうになっちゃって……。

とうとうキレた。

なんでパパに人生決められなあかんのって。

「私は絶対、パパに何を言われても、この仕事やめるつもりないから‼」

私のことを引っ張っていこうとするパパの手を振り切って、その場にしゃがみこんで言った。

実はパパもこの日、一人で泣いて帰ったって後から聞いた。

夜の世界は、稼げる分しんどいだろうから、何も自分の娘がそこで働かなくてもっていう気持ちだったらしい。

娘を夜の世界で働かせたくないという親は、すごく多い。

やっぱり夜の世界に対する良くないイメージみたいなものって、世間的にはきっとあると思う。

エースグループで働いているキャストの女の子たちも、ほとんどが最初は親に反対されたって聞く。

でも、最初は反対されたけど、応援してくれるようになるケースもある。

中途半端な気持ちじゃなくて、店でトップになることを目指して、すごく真剣にやっていることが伝わると、理解してくれる親もいるんだよね。

うちのパパの場合もそうだった。

ケンカ別れしてから1~2年はお互いに連絡とってなかったんだけど、ある日、パパから連絡が来て、一緒にご飯に行った。

その時、私は自分が働いてるお店の名前を言ったらしいんだよね。

そしたら後日パパがお店に来ちゃって。

パパとしては娘のことが心配で様子を見たかったらしいんだけど、パパには店に来てほしくなかったから「何しに来たんよ!」って、また怒った(笑)。

でも、そのあたりから、どんどん仲良くなっていって、ご飯行く回数も増えていった。

私がエースで売れっ子になってからは「ホンマにすごいな。みゆうは、パパの自慢の娘や」なんて言ってくれるまでになったんだ。

実は、綾田社長もパパの店に行ったことがあるらしい。

私のパパがやっている店だとは知らず、たまたま入ったら、パパに話しかけられたんだって。

「エースグループの綾田社長ですよね。うちの娘がお世話になってます。娘がいつも、『綾田社長は、パパよりもずっとお父さん』って言っています」

パパは、そう話して笑ってたらしい。

18歳でパパと大ゲンカしたあの日、そんなふうにパパが私の勤務先の社長と楽しく話せるようになるなんて、想像すらしてなかった。

パパも、綾田社長に実際に接してみて、社長の人柄を知って安心した部分も大きいかもしれない。

「夜職（よるしょく）やってみたいけど、親に反対されてます。どうすればいいですか？」

そんな質問をＳＮＳで受けること、けっこうある。

うちのパパやママもそうだったけど、親には親の考えや価値観があるから、それをすぐに変えるのは難しいよね。

もしかしたら、一生理解してもらえないかもしれない。

でも、自分がやりたければ本気でやるしかない。

「本当はやってみたかったけど、あの時、親に反対されたから……」って親のせいにしたくないでしょ？

頑張っている姿を見せることが、結果的には親孝行になるんじゃないかと、今はそう思ってるよ。

Column

綾田社長からのひとこと

ありがたいことに、エースには、大阪のみならず日本全国からお客様が来てくださいます。

キャストも数多くの魅力的な女の子が在籍していますが、僕は初めてのお客様には、優先的にみゆうちゃんのテーブルにご案内するようにしていました。

僕が彼女をえこひいきしているわけでも、彼女が僕に気に入られようとゴマをすっていたわけでもありません。

お客様に合いそうな遊び方を考えた時に、一番信頼して任せられるのが、みゆうちゃんだったんです。

結果、十中八九、お客様は彼女を気に入ってくれて、どんどんシャンパンを入れてくださる。

「こんな素敵な子を紹介してくれてありがとう」

そんなふうにおっしゃるお客様が続出し、みゆうちゃんは3か月足らずでナンバー3に登り詰めました。

彼女は、自分には魅力も才能もあると気づいていたんでしょうね。

だから、次第に無断欠勤したり、適当な態度で勤務するようになってしまったんでしょう。

彼女にクビを言い渡したのは、苦渋の決断ではありました。

でも、せっかく突出した魅力も才能もあるのに、努力を怠るのであれば、宝の持ち腐れのままで終わってしまう。

僕はそんなみゆうちゃんを見るのがイヤだったんですよ。

彼女の容姿と能力からすれば、エースだけでなく、日本中で有名になれると僕は確信していたので、中途半端なままで終わってほしくなかった。

それに、誰もが全力で働いている店において、みゆうちゃんが他の子の士気を下げるような存在になってしまうのもイヤだったんです。

だから、彼女がお客様に根回ししてなんとか復帰しようと画策してきた時も、毅然とした態度を崩しませんでした。

ここで僕が折れてしまったら、他のスタッフに示しがつかないし、何より彼女のためにならないですから。

と言いながら、内心では彼女が頭を下げて戻ってくるのを待っている自分もいました。

僕が言うのもなんなんですが、みゆうちゃんを彼女自身が想像もしていなかったような大きな存在に成長させられるのは、僕とエースだけだという自信があったんですよ。

その自信の根源には、この店が「リアルを提供する店だから」というのがあります。

すごい店なんだというイメージをつけるために、シャンパンタワーのお金をいただいても栓を開けないでそのまま戻したり、本当はお金をいただいてないのに画像をアップしたり、「売上〇億円！」などと誇張している店は、実はたくさんあります。

でも、お客様から見たら真実かどうかわからないので、ある意味「言ったもん勝ち」なんですよ。

ただ、どんなに宣伝効果があるとしても、僕はそれだけはやりたくない。

お店の女の子たちが「世間に顔向けできない」と思うようなことを、僕が率先してやるのは、絶対に間違っているでしょう？

本物だからこそ、女の子も黒服も本気で努力するし、お客様とも本気で向き合う。

それこそが、エースグループの強みだと僕は思っているんです。

だから、みゆうちゃんのように能力のある子には、リアルを提供する店で、本物の輝きを手に入れてほしかった。

自分がクビになったことに納得がいかなくて他の店で働くなら、それはそれで仕方ない。

でも、他の店では〝日本一のみゆう〟はつくり出せないことに気づいてほしい——。

決して口にはしなかったけれど、そんな思いもあったんです。

だから、彼女が真摯に反省して頭を下げてくれた時は、本当に嬉しかったし、安堵したのをよく覚えています。

みゆうちゃんが有名になればなるほど、彼女に憧れて入店してくれる子が増えました。

「みゆうちゃんに追いつけ、追い越せ」の精神で、努力を重ねている子もいます。

それほど彼女の存在は、僕にとってもエースグループ全体にとっても大きかった。

みゆうちゃんは、最高に素晴らしいビジネスパートナーでした。

みゆうちゃんは、人を虜（とりこ）にする魅力に関しては突出していたものの、お店では一匹オオカミで、かなり近寄りがたい存在であったのも事実です。

もちろん、女の子たちが互いをライバル視して、しのぎを削りあうことは、店全体のレベルを高める手段の一つでもあり、仲良しグループになる必要などまったくありません。ですが、みゆうちゃんはエースをやめたら、一匹オオカミだけでは生きていけないでしょう。

チーム戦で彼女をリーダーに抜擢したのは、人とかかわることで得られるものの大切さを知ってほしかったから。

そして、これにも気づいてほしいと思っていました。

「自分が思っている以上に、あなたはたくさんの女の子に慕われているんだよ」と――。

実際、チーム戦を境に、みゆうちゃんと女の子たちの関係は大きく変わりました。

彼女自身も、実は頼られるのが好きだったり面倒見が良かったりと、これまで知らなかった自分の一面に気づいたことでしょう。

エースを卒業し、これから先、新しい環境で、きっと新しい彼女の魅力がどんどん開花していくはず。

僕はそう期待しているんですよ。

Chapter 03

美はあるものでなく、つくるもの

年齢や時代の変化に合わせた〝顔づくり〟

キャバ嬢にとって、見た目はやっぱり重要。

もちろん、顔がかわいいだけで売れるわけじゃないけど、容姿が良ければ良いほど売れる可能性は高い。少なくとも最初のチャンスを掴むためには、絶対に有利だと思うよ。

店の中にいて、「あれ、あの子いいな。テーブルに呼んで」ってお客様の目につくには、やっぱり第一印象が大事だからね。実際、有名なキャバ嬢って、ほとんどがキレイな子ばっかり。

みんな口には出さなくても、容姿を磨くためにいろいろ努力しているはずだし、私も、美容はいろいろ試してる。

たとえばヒアルロン酸の注入。

おでこを丸くするためと、唇をぽってりさせるためにも入れてる。

以前は、目を大きく見せたくて涙袋にも入れてたんだけど、「目の下に大きなナメクジがいるやん」みたいになっちゃって（笑）。

当時は、涙袋が大きければ大きいほど、目がパッチリ大きく見えるんじゃないかって勘違いしてたんだよね。

で、入れすぎて不自然になっちゃった。

むしろ、私の顔には、涙袋は大きくないほうが似合ってたみたい。

ナメクジをやめて、目の下のクマを取ってもらったら、一気に顔がスッキリしたよ。

眉毛に関しては、眉毛のアートメイク。

これは特殊な薬剤を使って、顔に一本一本眉毛を描いていくもの。

私、眉毛を描くのがめっちゃ下手で、いつも形がキマらないのが悩みだった。それに、自分が描いている形が、自分の顔にイマイチ合っていないような気もしていて。

眉毛アートは、骨格にちゃんと合うように計算して描いてもらえるから、顔のバランスが整った感じになるんだよね。

それまで眉毛が濃かったり薄かったり、左右のバランスが整ってなかったんだけど、眉毛アートのおかげで雰囲気がずいぶん変わったから、眉毛ってけっこう顔の印象を左右するんだなぁって実感したよ。

眉毛アートは汗や水で落ちないから、すっぴんでも眉毛がちゃんとあるのも、すっごくラク。

目元と言えば、まつ毛も大事だよね。

実は、まつ毛はかなりナチュラル志向。

以前は、つけまつ毛をつけたり、まつ毛エクステをやったりしてたんだけど、今は自前のまつ毛にマスカラをつけるだけ。

その代わり、「パリジェンヌラッシュリフト」をやってる。

これは、自まつ毛を根元からぐっと立ち上げてくれるまつ毛パーマで、私は月1回施術してもらってる。

自分でビューラーで上げるよりも、ずっとキレイに立ち上がるんだよ。まつ毛が上がると、目が大きく見えるし、華やかな印象になる。それでいてすっごく自然なの。

もともと私はまつ毛が長いから、これで十分だなって。

むしろ、まつエクをつけていたときは、ボリュームがありすぎて影になっちゃったりして、目が小さく見えていたんだよね。

この三本柱――ナメクジ退治&眉毛アート&パリジェンヌで、顔の印象がすごく変わって、一気にあか抜けた気がする。

エースに入った時は、まだどれもやってなかったたし、まつエクをバリバリ使っていたこともあって、かなりギャルっぽかった。

でも、この三本柱を試したら、お客様からのウケが良くなって「顔が優しくなったね」って言ってくれた人もいたぐらい。

それに、今は世間一般的にもナチュラル志向だから、あんまりギャルっぽすぎると、時代遅れっぽい感じもしちゃうんだよね。

自分の年齢や顔の変化、時代の変化に合わせて美容法のアップデートは絶対に必要だと思うよ。

歯にこだわらずして、キャバ嬢ならず

顔の美しさを決定づける要素っていろいろあるけど、その一つが「歯」。

売れっ子キャバ嬢になるためには、歯はかなり重要だと私は思ってる。

やっぱり笑った時の印象ってすごく大事だよね。

特に接客業だと、お客様の前で自信を持って明るく笑えたほうがいいし、歯の色がくすんでいると、不健康に見えたりしちゃう。


私は、歯並びはもともと良いほうだったけど、色がくすんでいたのが気になってて、ホワイトニングに通っていたんだよね。

白いほうが清潔感があるし、笑った時にパッと明るい感じになるでしょ。

だけど、ホワイトニングは白くするのに限界がある。歯の色をすべて統一するのも難しい。それに、定期的に通う必要があるから、だんだん面倒になってきちゃった。

それで、上下8本ずつ、合計16本の歯をセラミックにしたんだ。

セラミックは、自分のもともとの歯を削って、そこに人工の歯をかぶせるもの。

人工歯の形や白さ度合いはいろいろあって、自分の顔に合うものを選べるのも嬉しい。

白いほうが清潔感はあるけど、白すぎるとかえって不自然だったりするから、私は肌の色に合わせて、ナチュラルな感じになる色を選んだよ。


実は、綾田社長もお店で働く女の子の歯を重要視しているんだって。

「僕は、どんな子にも『整形しなさい』とは言ったことがない。

でも、『みゆうちゃんみたいにナンバーワンになりたい』っていう強い思いがあって、能力もありそうな子には、会社がお金を出して歯だけは変えさせる。どんなに才能があっても歯がキレイじゃなかったら、スーパースターになりきれないから」

そう言ってたぐらいだから。

それほど、キャバ嬢にとって歯は命。

私が知る限り、歯をセラミックにしてるキャバ嬢ってけっこう多いんだよ。

清潔感を左右する肌と髪は徹底ケア

歯と並んで清潔感の決め手になるのが、肌と髪。

このふたつに関しても、ちゃんとケアしているキャバ嬢は多いんじゃないかな。


私の場合、肌に関しては美容皮膚科頼み。

もともと肌がすごく弱くて、すぐにニキビができちゃうのが悩みだったの。

私はほとんどお酒は飲まないけど、それでも毎日メイクして夜遅くまで起きてるわけだから、お肌にはやっぱり負担がかかってる。睡眠不足になったりするとすぐに肌が荒れちゃったり。

肌荒れしてると、メイクも決まらないし、テンションが上がらない。

何より、自信を持ってお客様の前に出られない。

そんな悩みがあって、皮膚科に通い始めて、ニキビ予防のための薬を処方してもらうようになってからは、だいぶ肌の状態が安定してきた。

皮膚科ではたまにピーリングをしてもらったり、ケアしてもらうこともあるよ。


もちろん、毎日のスキンケアも大事。

まずは、どんなに疲れていても、必ずメイクを落として寝る。これはもう必須！

うっかりメイクを落とさないで寝ると、翌日顔がカピカピに乾いていて無残なことになってるし、すぐに肌荒れしちゃうから。

私はとにかく乾燥肌なので、保湿が命！

特に冬は、ちゃんとケアしないとすぐにカサカサになったり、粉吹いたりするからね。

お風呂上がりや、メイク前にはいつも念入りに保湿してる。

愛用しているスキンケア用品は「Dr.Jart＋」っていう韓国のブランド。ハイブランドのものは憧れではあるんだけど、私の肌には合わなくて、いろいろ試した結果、「Dr.Jart＋」に落ち着きました。

順序としては、まず、「CNP Laboratory」のミストを顔全体にシューッてかける。その後は、全部「Dr.Jart＋」で、化粧水、美容液、最後にクリームを塗ってる。

クリームは、持ち運びしやすいサイズだから、ポーチの中にも入れて外出先で乾燥した時に塗ったりしてるよ。

寝る前は、クリームに代えて「Dr.Jart＋」のシカペアスリーペアアンプル イン マスクもオススメ。特に口元は乾燥しやすいから、しっかりつけてる。

髪がキレイなことも大事な要素だと思う。

顔がどんなにかわいくても、髪がバサバサだと、それだけで不潔っぽく見えちゃうんだよね。

実は私、もともとかなりのダメージヘアだった。ずっとエクステをつけてたから髪が傷んでたんだよね。もう、ホウキみたいにバッサバサだったもん（笑）。

あと、エクステの影響もあって、地毛が全然伸びなくなっちゃった。それで、エクステをやめて、地毛を大切に伸ばすことにしたんだ。

とはいえ、華やかさを出すためにカラーリングやブリーチをしたり、セットのために日常的にヘアアイロンを当てたりしているから、ダメージケアは必須。私は髪の色がハイトーンだし、ロングヘアだから特にダメージが目立っちゃうんだよね。

だから、月に1回トリートメントに通ってる。これだけで髪のツヤ感はかなり変わると思う。

毎日使うシャンプーやコンディショナーも髪の健康を考えて、ケアしてるよ。

今は、門りょう様の会社のブランド「モンローグレイス」のヘアケア用品を愛用してます♡

服の下からキレイを目指す

お店で着る服にこだわってるって話をしたけど、その下に身に着けてるブラやショーツにもこだわりがある。

ブラとショーツ、セットで身に着けるのは必須！

せっかく高級感のある下着をつけてても、上下がバラバラだとテンション上がらないでしょ？


イベントとかでデコルテが開いたドレスを着る時は、ヌーブラを着けてた。

ヌーブラが一番胸が寄って、谷間がきれいに見せられるからね。

ショーツは服装にかかわらず断然、Ｔバック派。

Ｔバックって苦手だという人もいると思うんだけど、私は逆に、普通のショーツのほうが苦手なんだよね。

布の面積が広いと、その分肌に触れる部分が多くなる。あのお尻全体が布に覆われてる感覚が、あまり好きじゃなくて。

もちろんＶＩＯは全部キレイに脱毛してるよ。

ショーツから毛がはみ出してるとか、絶対イヤやもん。

誰かに見せるわけじゃなくても、自分がげんなりしそうやんか（笑）。

10代の頃から少しずつ医療脱毛をやってて、20歳になる頃にはＶＩＯだけじゃなく全身ツルツルにしたよ。

医療脱毛が合うか合わないか、人によって肌質が違うからなんとも言えないけど、私は全身脱毛して本当に良かったと思ってる！

だって、ムダ毛処理って、けっこう時間かかるでしょ？

キャバ嬢は冬でも腕や脚が見える服を着ることが多いから、一年中サボれない。

ノースリーブの服で手を挙げた時に、ワキ毛が見えた……とかシャレにならんもんな（笑）。

かといって、自分で頻繁に処理するとカミソリ負けしちゃったり。処理すればするほど毛穴が広がったり肌が黒ずんだりしちゃうリスクもあるからね。

脱毛は早めにやればやるほど、ラクだし、全身の肌をキレイに保てる。
肌がキレイだと、下着も映えるし、下着選びが楽しくなると思うんだ。
ちなみに、パジャマはジェラートピケを使ってる。
かわいいうえに、肌触りが良くて、ぐっすり眠れる気がするよ♡

ダイエットは、自分のペースで

体形の維持も、キャバ嬢にとっては大きな課題。

なんせ同伴やアフターで、おいしいものを食べる機会はやたらと多い。

私はお酒を飲まないけど、お酒をたくさん飲む人は、そのカロリーもある。

それなのに、キャバ嬢は露出度の高いドレスを着ることも多いから、二の腕とかウエストとか、少しでも太ると目立っちゃうんだよね。

だから、体形に気を使ってる人は多いと思う。……と言いながら、実は私、食べたい放題食べてて、一時期、体重が50キロくらいあったことも！

これは完全に言い訳なんだけど、仕事も真面目にやりながら食事制限をするのって、めっちゃ難しい。

だって同伴の時に、せっかく食事に来てるのに「ダイエット中だから食べたくない」なんて言ったら、お客様も興ざめしちゃうからね。

お肉でも天ぷらでも、食べたいものはお腹いっぱいになるまで食べちゃう。

それに、私は付き合っている男の人によって体形が変わるタイプ。

彼がめっちゃ食べるタイプの人だったら、私も一緒に食べちゃうし、食べない人だとそのペースに合わせるから、自然と痩せていく。だから、日常的にハードなダイエットをしているわけじゃないんだよね。

ジムに通ったりして、もっとストイックに頑張っているキャバ嬢もいると思うんだけど、私は面倒くさがりで……。ジム通いもやったことがあったんだけど、すぐにやめちゃった。

ダイエットに無頓着で、体重計にも乗る習慣がなかったから、少し太っても自分で全然気づけなかったりする。

ただ、さすがに50キロになった時は、周りの人も「あれ?」って思ってたみたい。

ある日、綾田社長に「みゆうちゃん、ちょっと痩せたほうがいいんちゃう?」って言われたから(笑)。

それで、あらためてちゃんと鏡を見てチェックしたら、顔も丸くて、ウエストもプニプニしてて……。

「これは、ヤバイ」って青ざめた。

ちょうどこの時、コロナの影響でお店が休業していたこともあって、同伴やアフターが全然なかったんだよね。

それで、食べる機会が少なくなってて、「これは、チャンスだ!」って。

納豆&豆腐&キムチを混ぜたものをひたすら食べるダイエットをやってたよ。

それで胃がだんだん小さくなって、一気に5キロ痩せられた。

休業期間が明けてお店が再開しても、リバウンドすることなくキープできてます。

とはいえ、油断するとすぐに太るから、家にお菓子を置かないように気をつけてる。お菓子が家にあると、絶対にちょこちょこつまんじゃうからね。

あとは、半身浴と岩盤浴、サウナはしょっちゅう行ってるよ。汗をかいて、新陳代謝を高めると、気分も体もスッキリするから。

お店を引退して時間ができたので、これからはジムにもちゃんと通う予定。だけど、ちゃんと続くかな……(笑)。

リフレッシュには、旅行がいちばん

私にとって唯一の趣味と言えるのが、旅行。

コロナの世の中になってからは行けてないけど、以前は海外にもよく行ってた。

19歳の時に友達とグアムに行ったのを皮切りに、ハワイやセブ、バリ、タイのプーケットなどなど。

ビーチリゾートばっかりやんな（笑）。

私にとっての旅行って、いろいろ観光するんじゃなくて、のんびり過ごすことが重要。

海で泳いで砂浜でゴロゴロして、おいしいもの食べて買い物して……みたいなユル〜イ過ごし方が好き♡

コロナで海外に行けなくなってからは、国内で沖縄に行くことが増えたかな。

のんびり派の私にとっては、ホテルで過ごす時間がほとんどだから、ホテル選びはすっごく大事。

初めて沖縄に行った時は、どんなホテルがいいか分からなかった。

そうしたら綾田社長が「ここ、前に行ってみたんだけどすごく良かったよ」ってオススメしてくれた。

それが、沖縄本島にある「THE UZA TERRACE BEACH CLUB VILLAS」。

一つひとつの部屋にプライベートプールがついてて、思う存分泳いだり、デッキチェアに寝そべってのんびりできるのが最高！

何より、独立したプライベートヴィラだから、人目を気にせずに楽しめるのが嬉しかったな。

自意識過剰かもしれないけど、やっぱり人目が気になったんだよね。

ＳＮＳをやってることもあって、お客様以外の人にも顔が知られてて、街中で話しかけられることもよくある。

話しかけられること自体はイヤではないんだけど、せっかくのプライベートの旅行の時は、人目を気にせず楽しみたいなぁって。

海だけじゃなく、温泉も大好き♡

なかでも、熊本県阿蘇郡の「竹ふえ」っていう旅館はすごく良かった！　広い敷地に独立した離れが点在してて、離れに露天風呂もついてるの。温泉は入り放題だし、ご飯もおいしくて、おこもりステイにはうってつけだよ。

のんびりしてリフレッシュすると、すごく新鮮な気持ちでお店に出られるようになる。

「お休みをもらったんだから、その分頑張らないと」って。

こういう楽しみがあったからこそ、仕事も頑張れたのかもしれない。

いい仕事をするためにも、リフレッシュは大切だと思うよ。

整形は自分の顔をもとにアップデート

「みゆうちゃんみたいにかわいくなりたいです！」

SNSで女の子からそうコメントをもらえると、すごく嬉しい！

コメントを見てると「私はかわいくないから……」って自分の容姿にコンプレックスを持っている人も多いんじゃないかなって思う。

でもね、実は容姿に対するコンプレックス、私もないわけじゃないんだよ。

だって、YouTubeで他の人とコラボした動画配信すると、「顔がデカい」ってコメントに書かれたりするからさ～（笑）。

私に言わせれば、他の子が小さすぎるんやけど！（笑）

整形に対しては、いろんな考え方があると思うけど、私はアリだと思う。

整形してかわいくなって自信がついて前向きに生きられるなら、コンプレックスを抱えながら生きるよりも絶対いいし。

私も、細々としたところはやったことがある。

目は、もともと二重だったんだけど、両目の二重幅を埋没法でそろえてる。

あとは、前にも言ったけど、おでこや唇にヒアルロン酸を注入したり、クマ取りをしたり。

こういうちょっとした調整でも、顔の印象ってかなり変わると思う。

でも、プロテーゼを入れたりとか、顎を削るみたいな大掛かりな整形はやったことがないんだよね。

やってみたいと思ったことは何度もあるけど、自分には似合わないかなぁって。

たとえば鼻を高くしてみたいなって思ったことがあるけど、それをやったら、自分の顔が別人になっちゃう気がするんだよね。

顔の大きさについても、「もっと小さかったらいいのになぁ」って、心の底では思うよ。

でも、顔のサイズを変えようとすると、めちゃくちゃダイナミックな整形が必要。

で、それが果たして自分の顔のパーツとバランスがとれるのかどうかって考えると……

別に今のままでいいやって思う。

「今の自分の顔に似合っているかどうか」っていうのは、すごく大事。

自分のもとの顔を無視して「女優の○○さんみたいな顔になりたいんです」って整形しても、その人の失敗作みたいな感じにできあがっちゃう。

周りの人を見ていても、「こういう顔になりたい」とか「こういうパーツにしたい」って、なりたい顔やパーツだけをイメージして整形すると、どうしても不自然になっちゃう気がしちゃって……。

だから、整形するなら、もとの顔が引き立つようにしたらいいんじゃないかな。

私はりょう様に憧れてるし、りょう様の顔は本当にかわいくてうらやましいんだけど、だからといって「りょう様みたいな顔に整形したい」とは思わない。

りょう様と私では、もとの顔が全然違うから、整形してパーツを似せたところで完全に同じ顔にはならないんだよね。

大事なのは「自分ではない誰か」になることを目指すんじゃなくて、生まれ持った自分をどうアップデートしていくか。

そう考えたほうが、もっともっと自分のことを愛せるようになると思うんだ。

Column

門りょうさんからのひとこと

みゆうとの出会いは、私の現役時代に、みゆうがお客様として会いにきてくれたこと。その時はまさか、今みたいに仲良くなるとは思わなかったです。

見た目や服装から「同業の子なのかな」というのは分かったんですが、当時、みゆうと同じようにお店に来てくれるファンの女の子がたくさんいたので、彼女もその一人……というくらいの印象でしたね。

だから彼女がエースに入ったことも、綾田社長に聞いて初めて知ったんです。「すごい子が入ったで。天才や」って紹介されて。「社長がそこまで言うってどんな子なんだろう」と一気に興味がわきましたね。

仲良くなったきっかけは、彼女がバースデーイベントをやる時に、それを私のインスタのストーリーで告知してあげたこと。

事前に何も言わずに告知したから、みゆうはすごく驚いたみたいで、「ホンマにありがとうございます！」とすぐに連絡が来ましたよ。

私は自分から後輩の女の子に歩み寄るタイプじゃないんで、余計に嬉しかったみたいです。

「まさか、りょう様から！　ありがとうございます！　大好きです！」

なんて想像以上に喜んでくれました。

その後、だんだん距離が縮まって、二人でご飯食べに行くようになったんです。

みゆうは、他人の評価を気にせずに言いたいことをハッキリ言うから、誤解されやすいところがある。

でも仲良くなってみて、よく分かった。

彼女、本当はすごく素直で愛嬌のある女の子なんですよ。

みゆうは誰にでもいい顔をする八方美人タイプじゃないからこそ、「私のこと慕ってくれてるんだな」ってちゃんと伝わってくる。

それが分かってから、かわいい妹のような存在になっていきました。

みゆうを見ていると、彼女が売れたのは、偶然ではなく必然だったのだと気づかされます。

私はいろんなキャバ嬢を見てきたけれど、売れる子には共通した要素があって、みゆうは間違いなくそれを兼ね備えてる。

誰よりも負けず嫌い。そして、努力家。

「こんなふうになりたい」と憧れを抱いていても、実際に努力できる子はなかなかいないのが現実なんですが、みゆうの場合は、なりたいものになるための努力を惜しまない。

それがあったからこそ、トップに上り詰められたんだと思う。

見た目についてもそう。

みゆうは生まれ持った顔もかわいいけれど、髪や肌の手入れを含め、自分を輝かせるための術をきちんと知ってるし、ケアを怠らないんでしょうね。

私は現役の頃、かわいがっている後輩には、「ちょっと太った？　少し痩せたほうがいいよ」などとアドバイスすることもあったんですが、みゆうについては、完璧なので私の出る幕はなかったです。

彼女、私の会社のシャンプーを使ってくれているようなんですが、実はこれ、私がオススメしたんじゃなくて、彼女が自ら手にとってくれたんですよ。

会社の経理の人から「みゆうさんが購入してくださいました」と連絡をもらって初めて気づきました。しかも、「りょう様、使ってます！」とアピールされたことは一度もなくて。今も使ってくれていることは、経理の人づてに聞いています（笑）。いつもありがとう。

一見、グイグイ来るイメージがあるかもしれないけど、こういうさりげない気遣いのできるところも、彼女の魅力の一つですね。


たとえば去年の私の誕生日。

私はプライベートで大阪から3時間くらいかかる場所まで遊びにいってました。日付が変わって誕生日になった時、フロントから「お知りあいの方がいらっしゃっているのですが……」と電話が来たんです。

「こんな夜中に、こんな遠くまで、誰だろう？」と思って降りていったら、なんとみゆうが、綾田社長や私の会社の社員たちと一緒にいて……！

ここに遊びにいくことはみゆうに伝えていたけど、まさか来るとは思ってなかったから、めっちゃビックリしました。だって、大阪からめっちゃ遠いんですよ！

「りょう様、お誕生日おめでとうございます」

プレゼントとケーキを渡すと、みゆうはサッと帰っていきました。

この頃、みゆうはまだ現役で、この日はせっかくの貴重な休みの日だったのに、サプライズのためだけに、わざわざ大阪から来てくれたんです。

その気持ちが、本当に嬉しかったですね。

知れば知るほど、新たな一面が見えてどんどん好きになる。

女の目から見ても、付き合えば付き合うほど〝ハマる女〟、それがみゆうだと思います。

Chapter 04

お金よりも地位よりも、愛！

「男は金」ではないと気づかせてくれた人

私は自分が目指すものも、言いたいことも常にハッキリしてるタイプだけど、男の人に求めるものもすごくハッキリしてる。

もともとは、めっちゃ面食いで、「男は絶対に顔！」って思ってた。

だから基本、一目ぼれしちゃうことが多くて、高校生で初めて彼氏ができてから、それはずっと変わらなかった。

でも、エースに入ってからは、ちょっと変化があった。

「男は顔より金」に変わったの。

エースの現役だった頃は、「エースのエースとして輝き続ける」っていうのが、私にとって何よりも大事なことだった。

だから、その目標を応援してくれる人じゃないと付き合う気になれなかったから、そういう意味でも、お金を持ってることは最低条件だったんだよね。

キャバクラで働いてると、お金持ちの男の人と知り合う機会がすごく多い。

特にエースみたいに高級シャンパンをおろすのが当たり前な店だと、ビックリするぐらいのお金持ちが山ほどいる。

実際、エースで知り合ったお客様と付き合ったことも何度かあるし、付き合った後も、お客様としてお店に来てくれて、応援してもらったこともあった。

「男は金」だったはずの私の心に変化が起きたのは、2020年の10月。

カズマくんとの出会いが転機だった。

祇園でバーや焼き肉店を経営しているカズマくんは、もともと私の太客じゃないどころか、そもそもエースのお客様ですらなかった。

そんな彼と知り合ったきっかけは、私の太客のAさんが彼をエースに連れてきてくれたこと。Aさんはカズマくんの店の常連さんでもあって、昔からカズマくんのことをかわいがってくれていたらしい。

Aさんが初めてカズマくんを連れてエースに遊びに来てくれた時に、Aさんから「カズマともLINE交換しておいて」って言われたの。

自然な流れで連絡先を交換したんだけど、実はこの段階で、私のほうは内心、かなり舞い上がってたんだよね。

だってさ、だってね……カズマくんの顔、私、めっちゃタイプやったから!!

その舞い上がり具合と言ったら、Aさんとカズマくんが帰った後、副社長に「あの人、めっちゃカッコいいねんけど」なんて言ってたくらい（笑）。

私がお金抜きで好きだって言ったことは初めてだったから、副社長はかなり驚いたみたい。

私は「いいな♡」って思った人には、自分から積極的に連絡するタイプ。だから、その日のうちにカズマくんにすぐに連絡した。

でも、「お店来てくれてありがとう」「また行くね」くらいのやりとりで、毎日は続かなかった。


その後も何度かお店にAさんと来てくれたけど、関係が進展したのは、私のバースデーイベントの日。

カズマくんも来てくれて、店の営業が終わった後、カズマくんからその日撮った写真がたくさん送られてきたの。

嬉しくなっちゃって、すぐにLINEしちゃった。

「今日はありがとう、カズマくん。今、どこー？」って。

夜中の3時に「今、どこ？」って、めちゃめちゃ気があるってバレバレだよね（笑）。

でも、もっとこの人と話したいなぁっていう気持ちが勝っちゃったんだよね。

なんなら、「カズマくん、タイプなの♡」なんて、送っちゃってた。

結局、その夜、カズマくんはもう京都に帰っちゃってて、会えなかったけど、その日のうちに「今度お忍びで京都行くから、一緒に飲もう」って約束を取り付けてた。

そうしたら、彼からこんなLINEが来て、ビックリ。

「今日はお疲れさま。おめでとう。アモーレ♡」

笑えるでしょ？

「アモーレってなんなん？」って感じだよね（笑）。

実は、このアモーレには裏話がある。

私からカズマくんのことを聞いた副社長は、カズマくんに直接、「みゆうが、お前のことタイプって言ってたで」ってこっそり伝えておいてくれたらしい。

でも、カズマくんはそれを聞いて、ちょっとビビったらしいんだよね（笑）。

だから、「アモーレ」には、軽く探る意味もあったんだって。

そんな意図がまったく読めなかった私は、「アモーレ攻撃」にもう、舞い上がっちゃった！　我ながらホンマに単純と思うわ（笑）。

綾田社長にも「見てくださいー！　あのカッコいい人から『アモーレ』ってLINEがきちゃいました～♡」って、スマホ見せに行ってた。

副社長にはプライベートな相談をすることはあっても、社長にこういう話はほとんどしたことがなかったから、社長もビックリしてたなぁ。

お客様との関係も同じなんだけど、私はホンマに駆け引きが苦手。

「いいな♡」って思ってる相手に、その感情を見せずに思わせぶりな態度だけ見せるとか、マジでできない。

でもね、こうも思うんだよね。

出し惜しみして何かいいこと、あるのかなぁって。

自分の気持ちって、人に見せても減るものじゃないし、好きな気持ちを見せたら相手にナメられるとか、全然考えない。

それで相手の態度が変わってしまったらそこまでの男だし、それが早く分かったほうがいいやんって思うから。

ちなみに約束を取り付けた後の最後の最後に、カズマくんが「おやすみ、サランヘヨ」って送ってきたの！

それも嬉しすぎて、すかさず、このLINEのスクショとりました（笑）。

「なんで各国の『愛してる』なんや？（笑）」ってツッコミを入れるのも忘れるぐらい、すっかり舞い上がってたな。でも、本当に、嬉しかったんだ。

セックスは相手を深く知るための手段

実は、カズマくんと二人きりで初めて会ったのは、京都のホテルだったの。
最初のデートがホテルかいな⁉　ってドン引きした？（笑）
でもね、これには深いワケがあって……。

キャバ嬢である以上、特定の男の人とのデートってあまり知られてはいけないことだったりする。

だから「彼氏おるん？」ってお客様に聞かれたら、「ずっといない」って、答えてた。

もう一つ、カズマくんと会うことを内緒にしたかった理由は、Aさんへの配慮。

Aさんとしてはこう感じるんじゃないかなって。

「俺はみゆうにたくさんお金を使ってきたのに、一銭も払ってないカズマといい関係になるってどうゆうことや⁉」って。

いや、そこまで思わなかったとしても、やっぱりいい気はしないはず。

それに、カズマくんと会う日、実は私のバースデーに来てくれていたお礼を兼ねて、直前まで、京都でAさんやカズマくんの先輩の方々と一緒に飲んでたんだよね。

だから、絶対に見つかっちゃいけないって思った。

それで、大阪に帰るフリして、京都のホテルに集合したの。

カズマくんもそのあたりは分かっていて、「じゃあ、仕事終わったらホテル行くね」って。


正直、嬉しかった。


展開早すぎるって？

私にとっては、このぐらいスピーディーな展開のほうが理想的。

だって、セックスってすごく大事だと思うから。

体の相性が合わなかったら、私は絶対にムリ。

私はそれをすごく重視しているから、「最初にそういう関係になっちゃったほうが、話が早くてええやろ！」って思ったんだよね。

こういうところ、すごく男っぽいって言われるんだけど、女の子って付き合うこととセックスを交換条件にしがちじゃない？

そもそもセックスって、何かと引き換えにするものじゃないと思う。

私は別に、性欲が強いほうじゃないけど、「いいな♡」って思ってる人とは、体を重ねてみたいと自然と思っちゃう。

セックスしたいっていうよりも、「その人のことをもっと知りたい」っていう好奇心かな。「いいな♡」って思う人とは、何度かデートして、一緒に食事したりおしゃべりしたりして、その人がどんな人なのかもっと知りたいって思うでしょ？

私にとっては、セックスが相手のことを知るための一つの手段なんだよね。

その好奇心を抑えまくって、「別にあなたに気があるわけじゃないですよ〜」ってフリして、男が本気になるのを待つっていう人もいるみたいだけど……私に言わせれば、そんなん体と心に毒やで！（笑）

もし、早い段階でセックスして、「この女、もうええわ」って逃げていくような男なら、こっちから願い下げやわ。

仮に、いろいろ作戦をめぐらせてそんな男と付き合えたとしても、結局、上手くいくわけないからね。

誤解がないように言っておくと、私は誰かれかまわずセックスすることをオススメしてるわけじゃないよ。

むしろ、「いいな♡」って思っていない人とは、絶対にセックスできません！

自分の心にウソをつくセックスなんて、絶対に楽しくも気持ちよくもないからね。

叱るのも、注意するのも、愛ある証拠

二人きりで会い続けていたとはいえ、私にとってカズマくんは、最初は「気になる人」「いいなと思ってる人」ぐらいの存在だった。

きっとカズマくんにとって私もそのぐらいの存在だったんだろうなって思う。

でも、何度かデートを重ねるうちに気持ちがどんどん揺れ動いていって……。

私は、たしかにイケメンが好きで、これまでもイケメンと付き合ったことはあったけど、イケメンかつ話が面白い人って、経験上なかなかいない。

イケメンって、たいてい気取ってたりするから、最初は顔に惹かれて付き合うものの、だんだんつまらなくなってきちゃって別れる……っていうのがお決まりのパターンだった。

でも、カズマくんは一緒にいて本当に面白かった。

会うたびに楽しくて仕方なかった。

私はいつも、お店でお客様を楽しませる立場だったけど、自分のことをこんなに楽しま

せてくれる男の人がおるんやって、それがすっごく新鮮だった。

カズマくんからＬＩＮＥが来るたびに胸がときめいたし（それがたとえ、すんごくくだらない内容でも）、次にデートする日を指折り数えて、「何着ていこうかなぁ♡」って、考えたり。

気づけば、「この人とちゃんと付き合いたい」って思うようになってた。

もう一つ、カズマくんに本気になった理由がある。

それは、私と正面から向き合ってくれたこと。

たとえばお箸の持ち方。

恥ずかしい話なんだけど、私、お箸の持ち方がイマイチだったんだよね。

それをカズマくんに指摘された。

「その持ち方、人としてヤバイで」って。

それで、「これ使って直しな」って渡されたのが矯正箸！

なんとカズマくんからの初めてのプレゼントがそれだったの。ロマンなさすぎやろ（笑）。

でもね、私にとっては、こういうこともすごく新鮮だったんだよね。

だって、矯正箸のプレゼントはおろか、こんなふうに面と向かって注意してくる男の人は、初めてだったから。


カズマくんいわく、私は世間の根本的な常識からちょっとズレてるらしい。

たとえば私は、財布の中に大金を入れて持ち歩くことが当たり前になってることとか。


キャバクラって、ある意味、浮世離れした世界。

お店と家と美容室を往復する毎日で、日常的に会う人もお客様と店のスタッフぐらいしかいない。

きっと、普通なら会社で新入社員として働いて上司や先輩にもまれる中で、社会常識みたいなものを身につけていくんだろうね。

でもその年頃に、私はキャバクラという広いようですごく狭い世界の中で生きてきたから、一人の人間として、大切にするべきものが抜け落ちちゃってたのかもしれない。

それに今まで、エースでは稼ぎ頭として、黒服のみんなにワガママ言っても許されてたし(黒服のみんなは、めっちゃ困ってたみたいやけど　笑)、それが当たり前になっちゃってるとこがあって。

「エースの常識＝世間の常識」だったし、もっと言えば、「私の常識＝世間の常識」になってたんだと思う。

エースでは、常識的なイイ子ちゃんじゃない部分をお客様は楽しんでいてくれた部分もあったと思うし、だからこそナンバーワンになれたのかもしれない。

ただ、一人の女として男の人と真剣に付き合うとなると、そのぶっ飛び精神が邪魔になることもあるんだね。

カズマくんに「それはあかん」って注意されて衝突して、10時間話し合いをしたこともある。

二人で沖縄旅行した時のこと。

何が原因だったか思い出せないくらい、私にとっては些細なことだったんだけど、予約してたオプションプランまでキャンセルして、必死に説得された。そう、叱るというより、「頼むから、分かってくれ」っていう説得に近いんだよね（笑）。

私は、自分が納得していないのに謝るのは絶対にイヤ。

でも、カズマくんは私にも分かるように丁寧に説明してくれるから、納得せざるを得ない。

それで最終的に私が謝ることになる。

ハッキリ言って、ちょっと癪。

だけど、カズマくんは自分が悪いと思ってる時は即座に謝るから、私だけ謝らずに粘り続けるのも何か違うよな、とも思って。

最初の頃は、「これが私の常識やから」で通そうとしていたこともあるよ。

でも、「だったら、もう一緒にいられへんやんか」ってカズマくんから返ってくるから、結局自分の考えを少しずつ変えていくしかない。

それまでは、誰に対しても謝るのが大の苦手だった。

「謝ったら負けや」って思ってたから。

でも、カズマくんと一緒に時間を過ごすうちに、「謝る＝負け」じゃないって気づけた。

謝るのは、相手とより良い関係を築くための方法なんだなって。


旅行の時だけじゃなくて、カズマくんには日常的にも何度も〝説得〟されたよ。

「思ったことをハッキリ言うのは、みゆうのいいところだけど、この言葉を言ったら相手がどう思うか、いったん考えてからしゃべりや」

「ＳＮＳにこういうことを書くのは良くないよ。フォロワーが１００人、２００人ならまだしも50万人近くもいるんやから、自分の言葉の影響力を考えんと」

それも、カズマくんには何度も言われてきた。

こんなことを正面切って言ってくれた人はこれまで私の人生にはいなかった。

過去に付き合った人もそうだったけど、私のためを思って叱ってくれた人って、社長ぐらいしかいなかったんだよね。

箸の使い方も、日頃のふるまいについても、これまで付き合った男の人に注意されたことは一度もなかった。

それは私にとって居心地が良くてラクだったんだけど、ある意味、相手にとってもそのほうがラクだったんだと思う。

これは仕事の人間関係でもそうかもしれないけど、叱るよりも褒めるほうがラクなんだよね。

叱ったり注意するのって、すごくエネルギーがいるし、相手のことをちゃんと見てないとできない。

叱れば、嫌われたりケンカになったりするリスクだってある。

でも、カズマくんはそのリスクを承知のうえで、正面切って言ってくれた。

「そんな女と一緒にいると、自分が恥ずかしいから」

そう思ってるのかな、って最初は感じてた。

でも、よくよく話を聞いてみると、「みゆうに恥ずかしい思いをさせたくない」っていう私への思いやりだったらしい。

「俺は、みゆうがエースのナンバーワンだから付き合ってるわけじゃない。一人の女として大切に思ってるから、これから一緒に生きていくうえで、人として大事なことは覚えておいてほしい」

カズマくんがそう思ってくれてることがすごく伝わってきて……。

それまでの私は、どこまでいっても〝エースのみゆう〟だった。

お客様に対してだけじゃなく、付き合った男の人に対しても、いつもエースのみゆうを求められてるような気がしてた。

みんなから愛されてるようで、一人の女性として私を見つめてくれる人はおらんかったのかもしれない。

何よりも、〝エースのみゆう〟であり続けなきゃ、私が私でいられなくなるような気もしてた。

だから、それでいいと思ってたし、ナンバーワンであり続けられれば、それ以外に求めるものなんてないって思ってた。

でも、カズマくんは〝エースのみゆう〟じゃなくて、一人の女として私を必要としてくれた。

それを感じるたびに、どんどん自分が変わっていくのがわかった。

これまで一番なりたかったのは、エースのエースとしてキラキラ輝き続ける私。でも、今は違う。

私が今、なりたいのは、カズマくん一人にとっての唯一無二の存在。

この人と幸せな家庭を築いて、一緒に生きていくことなんやって――。

そのためなら、「みゆうの常識」とか「謝ったら負け」みたいなつまらないプライドなんて、簡単に捨てられる。

もっともっとカズマくんに私を好きになってほしいから、努力もしたよ。

それまで料理なんて全然できなかったけど、カズマくんの好きなものをつくってあげたくて、料理教室に通ったり。

カズマくんがお尻フェチだと知ってからは、ヒップアップのためにジムに通ったり。

ついでに言うと、私服のセンスもめっちゃ変わった。

たとえば、これまではヴィトンとかディオールみたいなきれいめの服を着ていたけど、カズマくんが好きなストリート系ファッションを着るようになった。アクセサリーもクロムハーツをつけたりとか。

「俺に合わせてほしい」ってカズマくんに言われたわけじゃなくて、私がそうしたいだけ。好きな人にとことん染まりたいし、彼のために一生懸命になれてる自分が、私は好き。

そんなふうに満たされたから、気づけば他のものは、もう何もいらなくなってたんだよね。

これまでの彼氏に対しては、ケンカをしたら決まって何かプレゼントしてもらってた。「このバッグ買ってくれたら、許してあげる」みたいな感じで。もし買ってくれなかったらイラッてしたりしてた。

でも、カズマくんに対してはケンカしたから何か買ってと思わないし、言ったこともない。

「お金持ちじゃないとイヤ」って思ってた自分がウソみたいに変わっていくのが、自分でもわかった。

「男は金」だと思ってたけど、そうじゃない。

「男は顔」は、たしかに入り口としてはその通りではあるんだけど、でも顔だけがすべてじゃない。

結局私は、「お金がなくなっても、一緒にいたい」と思う人をずっと探し続けていたのかもしれない。

私にとっては、やっと探し当てたその人が、カズマくんやった。

カズマくんこそが、私が行きつくべき場所やった——。

そう感じられた時、ものすごくホッとして、これまでの人生で感じたことのない安心感に体中が包まれていったのは、今も忘れられない。

理想の家族と突然のプロポーズ

カズマくんと付き合い出して2年。

2022年の2月28日、彼の実家に行った。

この日はカズマくんの誕生日だったんだけど、カズマくんの家は、大人になっても家族の誰かが誕生日の時は全員が集まってお祝いする習慣があるんだって。

「それを家族みんなが長年守ってきたんだ」って聞いて、すごくいいなぁって思ったんだ。

お母さんが気さくに優しく出迎えてくださって、一気に緊張が解けました。

カズマくんの兄弟二人もちゃんと集まって、ケーキにろうそくを立てて、バースデーソング歌ってお祝いして。

私にとっては、こういう家庭的な誕生日会がすごく新鮮だった。

私の家庭とは全然違っていたから、こんな素敵な誕生日会を毎年経験しているカズマくんがうらやましかったなぁ。

それに、これまでバースデーと言えば、クラブエースでのシャンパンタワーや、特注のどでかいケーキだったから。

多くの人に豪華に祝ってもらうバースデーも、もちろん嬉しかったよ。

でも、カズマくんの家の誕生日会を見て、家族のみんながすごく笑顔で楽しそうで、こういう誕生日もいいなぁって心から思ったんだよね。

私も、毎年みんなでささやかに誕生日を祝い続けられるような温かい家庭を築きたい。

そんな思いが、すごく強くなったんだ。


実は私、カズマくんと会う前から結婚願望はかなりあったんだよね。

「30歳くらいまでに結婚して子供が3人ぐらい欲しいな〜」って、ずっと思ってたから。

それもあって、カズマくんと付き合い始めた頃から、なんとなく結婚は意識してた。

だから、付き合い始めてしばらくした段階で「結婚する気がないんやったら最初から言ってほしい」ってカズマくんに伝えてたぐらいだから。

その後もことあるごとに「結婚できないんやったら、みゆうは、エースやめられへんし」と言ったこともある。

「そのことは分かってる」

カズマくんはいつも冷静にそう返してくれていたけど、「じゃあ結婚しよう」という流れにはならなかった……。

「きっとカズマくんも結婚を考えてくれてるんやろなぁ」って思ってたけど、きちんとプロポーズされたわけでもなかったから、心の中ではちょっと不安だったなぁ。

私、「好き好き♡」っていうアピールはできるんだけど、肝心なことは自分から切り出せないの。

へんなところでビビりなんだよね（笑）。

それで、エースに出勤するたびに、副社長に「カズマくんがプロポーズしてくれないんやけど」「ホンマに結婚してくれるんかな」なんて愚痴ったりしてた。

カズマくんにはカズマくんの考えがあったことは、後で知ることになるんだけど……。

そんな経緯があったから、プロポーズされた時は、めっちゃ嬉しかったよ。

でも、いわゆるひざまずいて指輪を差し出す……みたいな王子様系プロポーズじゃなかったんだよね。

２０２２年11月8日、その日は私の誕生日。

家に帰ってきたら、バルーンが飾ってあって。

で、カズマくんはひとこと「結婚しよう」って。

なんかサラッとしすぎてて、「え?・?・」みたいな感じで。

「今のがプロポーズなん？　よく聞こえんかった。もう1回言って」って言っちゃったもん。

そんなこんなで、結局3回プロポーズさせました（笑）。

カズマくんいわく、それまでにも日常的に「もうどうせずっと一緒におるんやし」みたいに、遠回しにプロポーズを匂わせていたらしいんだけど、そんな遠回しじゃわからんって（笑）。

いわゆる、〝ザ・プロポーズ〟ではなかったけど、なんだかんだカズマくんらしいプロポーズだったなと、今では思ってるよ。

一生感謝してもしきれないこと

カズマくんと付き合ってからも、このことはできるだけ秘密にしてた。

やっぱり、お客様にバレることが一番怖かったから。

特に、気を遣っていたのがAさんへの対応。


私が太客であるAさんを失うことは仕方のないこと。

でも、Aさんはカズマくんの店のお客様でもあるので、私たちが付き合っていることがバレたら、カズマくんにも影響が及ぶ。

さらに、私とカズマくんには、Aさん以外も共通のお客様の知り合いが何人かいて、Aさんを中心としたグループのような感じになっている。

だから、その人たちみんなに総スカンを喰らう可能性があったんだよね。

エースだけでなくカズマくんの店にも、みんな来てくれなくなるかもしれない。

それが一番怖かった。

Aさんが本当のことを知ったら……絶対に怒るだろうなって考えたんだよね。

だから、できるだけ外で二人きりにならないように気をつけてた。

「アイドルの恋愛じゃあるまいし」って思われるかもしれないけど、私とカズマくんがAさんのメンツをつぶしていることは間違いないからね。

それに、私としても、キャバ嬢としての仕事柄、特定の彼氏がいることはバレないに越したことはない。

でも……結局バレちゃった。

カズマくんと関係を持ってから1か月のこと。

私がインスタのストーリーに、カズマくんのサングラスをかけて撮った写真をアップしちゃって……。

「こんなとこまで誰も見てないやろ」と思いきや、しっかり気づかれてた。

「あの二人、もしかして付き合ってるんじゃない？」

そんなウワサがAさんの耳にも入ったらしい。

Aさんの周りの人たちからも「Aさんに隠れてコソコソ付き合ってたなんて。Aさん、すごく怒ってたよ」と、聞くことが増えた。

たしかに、写真をアップした日から、私がAさんにLINEしても既読スルーされることが続いて、これはマズイ……って。

困り果てて綾田社長に相談し、社長とカズマくんと私の3人で話し合うことになった。

社長はいつになく真剣な面持ちで、カズマくんにこう尋ねた。

「カズマくん、みゆうのこと、本当に大切に思ってる?」

「はい、思ってます」

間髪を容れずにカズマくんは答えた。

「そんなら、みゆうはどう？　僕はカズマくんのために、これからAさんのところに行ってちゃんと話をしてくる。その後に、『やっぱりカズマくんにそこまで真剣じゃなかった』みたいになることはない?」

「ありません」

私たちの気持ちは、真剣です――。

その思いは、社長にも伝わった。

私たちの決意を知った社長は一人で京都に行き、Aさん行きつけのお店を何軒もハシゴして、Aさんをもてなしてくれた。もちろん、社長の奢りで。この日だけで、社長は数百万円も使ったのだと後で聞いた。

そして、社長はAさんにこう言ってくれたらしい。

「今日は、お時間いただいてありがとうございます。Aさんにお願いがあります。うちのみゆうと、カズマくんの後見人になっていただけませんか。Aさんがいたからこそ、二人は出会えたわけですから」

その言葉を聞いて、Aさんは笑顔で納得し、私たちのことを許してくれた。

Aさんは、その後もお店に来てくれたし、私の引退式の日も、カズマくんと一緒に来店してくれた。

それまでにも何度も社長には救われてきたけど、この大ピンチを救ってくれたのも、やっぱり社長だった。

私は、ホンマに社長に頭が上がらない。

人気絶頂での引退を決めたワケ

30歳になるまでには結婚して、キャバ嬢を引退する。

カズマくんと出会う前から、私はずっとそう考えてた。

やっぱりキャバ嬢って、いつまでも続けられる仕事じゃない。

体力的な面もあるけど、何より、追い抜かれるプレッシャーに耐えながらずっと働き続けるのも、いくら私がメンタル最強だからって言っても、限界があるよね。

それに、キャバ嬢は若いほうが圧倒的に有利だと私は思う。

だから年をとればとるほど、キツくなってくる。

それなら、落ち目になって仕方なく引退するんじゃなくて、売れているうちにキレイにやめたい。

そうずっと思ってた。

一方で、やめるタイミングって、すごく難しかったりする。

他にやりたい仕事を見つけてアッサリやめるキャバ嬢もいるけど、私の場合は、やめる理由に匹敵するような魅力的な仕事を見つけることは、一筋縄ではいかないような気がしてたんだよね。

キャバクラの仕事は大変なことも多いけど、こんなにキラキラしてて刺激があって華やかな世界ってなかなかないし、稼ぎも昼間の仕事に比べたら格段にいい。

そんな魅力のある世界から、自分の意志で離れていく。そしてもう二度と戻らないと決める。

それには、相当な覚悟がいる。

ましてや、私は社会に出てから、夜の仕事しかやったことがない。だから、結婚ぐらいの大きなきっかけがないと、やめる決心ができない気がしてたんだよね。

ただ、カズマくんと付き合い始めてから、私自身の仕事に対するスタンスが大きく変わってしまって……。

ひとことで言えば、これまで通りの接客ができなくなった——。

カズマくんは口に出さなかったけど、私がこの立場になるまでに、どんなことを経験してきたか、分かっていたと思う。

お客様との恋愛も、きっとあったんだろうなって心のどこかでは察していただろうね。

でも、それについて私を咎めたり、「もうエースをやめてキャバ嬢引退して」と言ってきたことは一度もなかった。

私が〝エースのみゆう〟でいるために、何が必要なのかをカズマくんは分かってくれていたんだと思う。

でも、そうやって私に向き合ってくれる彼と一緒にいればいるほど、どんどん罪悪感が芽生えてきて……。

これまで通り売上もキープしたい。でも、カズマくんのことだけを見つめていたいという。

心の中で相反するふたつの想いがせめぎあって、苦しかった。

私は、自分の気持ちにウソがつけない。

これまでは自分の時間も心もすべて仕事に費やすことができたけど、もうそれができなくなっちゃったんだよね。

こんなんじゃ、そのうち売上が落ちていっちゃうかもしれない。

私が売上にこだわる理由の一つは、娘のように私を思って、私のことを「天才や」と言ってくれた社長の期待に応えたいからでもあった。

だけど、このままじゃ、社長に顔向けできない――。

一人、思い悩む日々が続いた……。

社長がいなければ、見られなかった景色

「みゆうちゃん、来年は引退やね」

社長からそう切り出されたのは、2021年の終わり。

売上と大切な人への想いの間で板挟みになっている私の胸の内を、社長は見抜いていたみたい。

「みゆうちゃんは、これまでずっとものすごく努力して、仕事に自分のすべてを捧げてくれたよね。でも、今は、これまでの自分とは別の自分になっていること、自分でも気づいているやろ？　なら引退やね。みゆうちゃんが幸せになってくれるんやったら、僕はそれで嬉しいから」

思わず涙がこぼれた。

これまで通り、全力で仕事に打ち込めなくなっていたとはいえ、売上では誰にも負けてなかったから、私がやめることは店としては打撃があるはず。

でも、社長は店の経営よりも、私が一人の女としてどうしたら幸せになるのかをずっと考えてくれていた。

「みゆうちゃんからは、やめたいって言い出しづらかったやろ？　自分がいなくなったら、この店の収益が減るとか、僕に申し訳ないとか、そう思ってたんやろ？　そんなこと、考えなくてええ。店とか僕のことよりな、自分のこの先の人生を考えるんや」

私は泣きながら、深くうなずいていた。

エースを卒業し、キャバ嬢を引退する期日は、そこから1年後の2022年12月に決まった。

加えて、殿堂入りして、ランキング競争から外れることも社長からの提案だった。

「ここから先は、引退して第2の人生を始めるまでの準備期間や。エースのみゆうではなく、一人の女性として生きるために必要なことを学んでいくための時間だと捉えてほしい。売上のことよりも、自分がどう生きていきたいのか、しっかり考えて1年を大切に過ごしてな」

人徳があるっていうのは、きっと社長のような人のことを言うんだろうな。

エースグループに人気嬢が集まるのも、エースグループが日本随一の規模まで成長したのも、社長の懐の深さがあるからだと私は思ってる。

引退に向けての日々について社長と話しながら、私は社長と初めて会った日のことを思い出してた。

あれは、たしか初めてエースに行って「ここで働かせてください」と言った時のこと——。

「みゆうちゃん、足のサイズ教えて」

挨拶もそこそこに、唐突にそう聞かれた。

「足のサイズ？　なんで？」

不思議に思いつつ、「23・5センチです」って伝えたら、「じゃあ、体験入店に来る時は教えてね」って。

体験入店の日、社長から手渡されたのは、クリスチャンルブタンの靴。

社長がわざわざルブタンの店舗に行って、買ってきてくれたものだった。

「これからこの靴を履いて、一緒に見たことのなかった景色を見にいこうな」

社長は優しく微笑(ほほえ)みながら、そう言ってくれた。

その言葉通り、ルブタンの靴は、私を想像もしていなかったような場所に連れて行ってくれた。

あの靴は、今も大事にしまってある。

実は、引退するまで社長とはプライベートで食事に行ったことがなかった。

私に限らず、社長はキャストの子とは仕事の相談をすることはあっても、基本的にプライベートで会ったりしないらしい。

それは社長と従業員として適度な距離感を保つために必要なことなんだって。

だから、私もずっと社長と話す時は、ある種の緊張感があったよ。

でも、本当に困った時に頼れば必ず助けてくれる、守ってくれるっていう安心感もあった。

社長に出会っていなければ、今の私は絶対にいない。

実の父親以上に父親のような人。

社長は、私の人生の恩人です。

Column

綾田社長からのひとこと

「社長、見てください！　今日来たカッコいい人から『アモーレ』ってＬＩＮＥが来たんですよ～♡」

みゆうちゃんが珍しく頬を赤く染めて駆け寄ってきた日のことは、今もよく覚えています。

そういったことは、これまで副社長の松下に話すことはあっても、僕に言ってくることはなかったからです。

それが、カズマ君とのすべての始まりだったんですね。

でも、まさかその時はカズマ君とみゆうちゃんが結婚することになるなんて、思いもよりませんでした。

これまでも、みゆうちゃんがお客様と恋愛関係になったことがあるのも僕は知っていたので、カズマ君も、きっとその中の一人なのかなぐらいに思っていたんですよ。

二人が真剣に付き合っていると知ったのは、常連のお客様・Aさんをめぐってみゆうちゃんから相談を受けた時でした。

Aさんがエースにご来店いただけなくなるのは仕方ないとしても、Aさんはカズマ君のお店にとってとても大切なお客様だったので、そのままにしておくわけにはいかなかった。

これは、社長として「なんとかしないといけない」と思いましたね。

それで二人と話をしたら、お互いにすごく真剣に付き合っているんだと分かったんです。

それが僕はすごく嬉しかったんですよ。

「ああ、みゆうちゃんもやっと大切な人を見つけたんだなぁ」って。

これまでみゆうちゃんと付き合う男性は、〝エースのみゆう〟が好きだったんだと思うんですよ。

エースのナンバーワンであるだけではなく、インフルエンサーでもあるキラキラしたみゆうちゃんと付き合うことが、一種のブランドになっていたんでしょうね。

でも、カズマ君はそうじゃなかった。

みゆうちゃんがナンバーワンであろうとなかろうと、一人の女性として、しっかりと向き合ってくれた。

そこに、みゆうちゃんは惹かれたのでしょう。

だからこそ、Aさんに頭を下げてでも、みゆうちゃんがやっと見つけた幸せを守ってあげたかったんです。

結果的にAさんもご理解くださって、「これからは、カズマとみゆうちゃんを応援できるような自分になるね」とおっしゃったうえに、その後もエースに足を運んでくださった。

本当にありがたい限りです。

一方で、みゆうちゃんがカズマ君に惹かれていけばいくほど、彼女がこれまで同様の接客ができなくなっていることにも気づいていました。

最大の武器であった「お金を使ってくれたお客様を本気で好きになる」という能力が発揮できなくなっていたんです。

もちろん、彼女はそれを口にしたことはなかったし、お客様の前ではこれまで通り、笑顔で楽しく場を盛り上げてくれていました。

でも、お客様との間にこれまでなかった距離感が生まれていたし、ふとした瞬間に見せる表情が、とても苦しそうだった。

それは、本気で愛したカズマ君への罪悪感から来るものだったんでしょう。

この苦しみからみゆうちゃんを解放してあげられるのは、僕しかいない——。

そう感じたからこそ、引退の話を僕から切り出したんです。

経営者としては、みゆうちゃんがいなくなるのは、ハッキリ言って痛手です。

でもね、この6年半、僕は彼女からたくさんの幸せをもらいました。

その幸せは、みゆうちゃんの大きな努力の上に成り立っていたんです。

彼女自身は、その時々で本気でお客様を好きになっていたし、「私はムリをしていたわけじゃない」と言うかもしれません。

けれど、それでも「お金を使ってくれるお客様だから好き」だという前提に変わりはないんですよね。

その「好き」は、エースをやめたら途端に消えてしまう「好き」なんです。

そう考えると、「みゆうちゃんにとっての本当の幸せは、どこにあるんやろう」と思ってしまって。

僕はみゆうちゃんにこんなにも幸せにしてもらってるのに、彼女自身は、このままじゃ本当の幸せを摑むことができないかもしれない。

そこに一種の後ろめたさがありました。

だから、カズマ君との交際が真剣だと分かった時に、「ようやく自分の幸せ、見つけたんや」って嬉しかったんですよ。

ここで二人を応援してやらなかったら、俺はカス野郎でしょう？

加えて、彼女は義理堅いところがあるんで、「私がやめたら社長が困るだろう」なんて考えちゃうだろうと思ったんですよね。

やめたいのに自分から言い出せない——。

そんな空気感をつくるのがイヤだったんです。

それに、みゆうちゃん以外にも、エースには豊かな個性を持った魅力的なキャストの子がたくさんいます。

みゆうちゃんばかりに頼りきることは、他の仲間たちの能力を信じていないことを意味する。

そんな自分になるのもイヤだったんですよ。

だから、みゆうちゃんに引退を切り出すことにも迷いはなかったんです。

二人には、婚姻届の証人も頼まれました。

サインをして、印鑑を押した瞬間は、二人が結婚に至るまでの軌跡を思い出して、感慨深いものがありましたね。

そう言えば一時期、みゆうちゃんが「カズマくんがプロポーズしてくれない」ってあまりにも嘆いていたことがあったんですよ。

正確に言えば、僕に愚痴っているわけじゃなくて、副社長の松下にこぼしていただけなんですが、同じ店内にいるからどうしても僕にも聞こえてしまう（笑）。

で、もしかしてこれは僕に背中を押してほしいんかなって思って。

それで、僕がカズマ君に会ったんです。

「折り入って話したいことがあるから、今から京都に行ってもいい？」と連絡したら、カズマ君は「ほんなら、僕が行きます」と返して来た。

「いや、僕がお願いしたいことがあるから、僕から行かせてくれ」って言って京都に押しかけたんです。

僕が京都に着くと、待っていたカズマ君は顔を合わせた瞬間に、こう言ったんですよ。

「僕から言わせてください。みゆうと結婚させてください」と——。

「社長からわざわざ僕にご連絡いただいて、京都にまで来てくださったってことは、みゆうと結婚する気があるのかというお話をされに来たんですよね？　僕は、社長に尋ねられたから言うんじゃなくて、先にこちらからお伝えしたいっていう気持ちがずっとあったんです」

その言葉に感激して、思わず涙が流れましたね。

「カズマ君、ありがとう、ありがとう。みゆうちゃんのこと、幸せにしてやってな……」

こんなに男気のあるカズマ君なら、みゆうちゃんを安心して託せると思いました。

二人には、結婚の記念にロレックスの「コスモグラフデイトナ」のペアウォッチをプレゼントしました。

みゆうちゃんが僕にしてくれたことを考えたら、これぐらいどうってことないですからね。

これから二人で、いつまでも一緒に素敵な時を刻んでいってほしいです。

Column
カズマくんからのひとこと

実は、僕、Aさんにエースに連れて行ってもらってみゆうに会うよりも前に、一度、彼女に会っているんですよ。

その時も別のお客様にエースに連れて行ってもらって、少しだけ顔を合わせたんです。彼女は全然覚えていなかったですけどね（笑）。


みゆうのことは、以前からインスタを見て知っていたので、その印象が強くて。とにかくバブリーで、気取ってそうな女の子だなっていうイメージがあったんですよ。でも、実際にお店で話してみたら、全然違った。

ハキハキしゃべるけど、人を不快にさせないし、話が絶えない。話が尽きちゃって「シーン」となって、気まずい空気が流れることがまずないんです。

こんなにトーク力があるキャバ嬢がいるんだなって驚きましたね。

ただ、その時は、正直、付き合うなんてまったく想像もしていなかったんですよ。

だから、副社長の松下さんから「みゆうがお前のこと、カッコいいって言っとったぞ」と直接言われた時は、めちゃくちゃビックリしました。

「『もっと飲んで、私の売上に貢献してね』って意味なんや、きっと」なんて、勘ぐって混乱していたぐらいです（笑）。

だから、僕は彼女の気持ちをたしかめたくて、「アモーレ」のLINEを送ったんですよ。

でも、それに対して、みゆうはものすごくストレートに反応してくれた。

それで、彼女に対する印象がガラッと変わりました。

「あれ？ この子、もしかして計算してるわけじゃないの？ 接客とかじゃなくて、本気でカッコいいと思ってくれてる？」って、さらに混乱しましたけど（笑）。

彼女が僕に想いを寄せてくれたことは、素直に嬉しかったです。

でも、二人で会うようになってからも、「このまま突き進んでいって大丈夫なんだろうか」っていう不安はずっと消えなかった。

やっぱり、Aさんをはじめとする、かわいがっていただいている方々に顔向けできないんじゃないかと思ったから……。

ものすごく悩みました。

でも、気持ちを止められないほど、彼女に惹かれていたのも事実。

知れば知るほど、これまで知らなかったみゆうの一面が見えてきて……。

エースで接客をしている時のみゆうと、僕といる時のみゆうは、口調も表情もまったくの別人なんです。

ビックリしたのは、僕が家でどこに行くにもついてくること。

ちょっと手を洗いに席を立っただけで、「どこ行くん?」って聞いてくるんですよ。

トイレに行った時には、トイレの前で待ってたりしたことも（笑）。

男っぽいって言われてるけど、実はすごく女の子らしいところもあるんですよ。

甘えてくる彼女は、めちゃくちゃかわいいです（笑）。

エースでバリバリ働いている様子とのギャップが大きくて、僕にしか見せない一面を見た時に心惹かれました。


一方で、別の意味での驚きもありました。

なんというか……日常生活のすべてがぶっ飛んでるんですよ。

常に大金を持ち歩くとか、危険すぎるでしょ（笑）。

ＳＮＳでの発言についても、自分の発言が多くの人に影響を及ぼすことも考えずに投稿していたりする面もあって……。

それは、キャバ嬢としては突き抜けていて面白かったのかもしれないけど、引退して〝エースのみゆう〟ではなくなった時に、必ず支障が出てくると思ったんですよ。

だから、僕のためというよりも、彼女が今後の人生で苦労しないために必死で説得していた部分はありますね。

なかなか理解してもらえず、大ゲンカになったこともたくさんあったけど、面倒でも分かってくれるまで、ひたすら話し合いました。

ケンカしている時は、正直こっちもけっこう疲弊するんですが、その話し合いのおかげで、みゆうの素直な部分に気づくことができました。

彼女は、とても素直なんですよ。

箸の持ち方の話もそうなんですが、こちらが言ったことに対して、すごく真剣に受け止めて努力してくれる。

直してほしいことだけではなく、たとえば僕が「肉じゃがが好き」と言えば、忙しい中、料理教室に通って、苦手な料理を頑張ってくれたり。何気なく「お尻好きやねんな〜」って言っただけなのに、翌週にはジムに申し込んでヒップアップのトレーニングを始めてたり。

僕のために、本当に一生懸命になってくれる。

その健気さにすごく惹かれましたし、「この子を絶対に大切にしないといけない」と思わされました。

みゆうが僕の家族を大切にしてくれたのも、嬉しかったです。

恒例の家族そろっての誕生日会も「私もこういう誕生日会がやれる家族になりたい」って言ってくれて、嬉しかったですね。

結婚については、僕も早い段階から意識はしていました。

でも、覚悟が決まらなかった。

なんせ彼女はエースのエースで、しかも、ただのナンバーワンではなく、インスタのフォロワーが50万人近くもいるインフルエンサーでもある。

僕と結婚することで、華やかな世界から引退させてしまっていいのか、考えてしまったんです。

それに、みゆうが引退することはエースにとっても大きなダメージがあるはず。みゆうのお客様が離れてしまえば、お店の売上が影響を受けるのは避けられない。

結婚は本来、当事者二人の意思だけで決められることのはずなんですが、僕たちの場合は考えなければならないことが多すぎたんです。

悩んでいた僕に勇気を与えてくれたのは、綾田社長でした。

「お客様が離れてしまうとか、エースの売上に影響があるとか、そんなん考えなくてええから。カズマ君がやりたいようにしたら、それでええ」

社長と結婚についての話をした時、そんなふうに背中を押してくださって、僕も安心して一歩を踏み出す決意ができたんです。

みゆうと人生を共にすると心に決めてからは、日常の何気ない場面で、結婚の意思が伝わるような言葉をちょくちょく言っていたつもりだったんですが、彼女には全然伝わっていなかったようですね（笑）。

プロポーズも、本当はサプライズをやりたかったんですけど、どうも僕はそういうのが苦手で……。

彼女は、きっとドラマに出てくるようなプロポーズを期待していたと思うんですが、僕らしいプロポーズになってしまいましたね（笑）。

「すごい有名で影響力のある女性だけど、結婚して大丈夫？」

そんなふうに心配されることもあるんですが、気負いは全然ありません。

むしろ、一人のビジネスパーソンとして尊敬する部分もたくさんあるので、今後もさまざまな面で、その才能を発揮してほしいです。

特に、一度決めたら絶対にやりきる情熱はすごいので、キャバ嬢以外でも必ず成功できると思ってます。

みゆうにはこれから先も、自分のやりたいことにどんどん挑戦して、貪欲に夢を叶えていってほしい。

僕は、いつも彼女が輝けるように、そして毎日を心穏やかに暮らせるように、全面的にサポートしていきたいですね。

Chapter 05

なりたい自分になる未来

最愛に包まれた、最高の旅立ちの日

2022年12月2日。

エースで働く最後の日。

私はこの日をもって、キャバ嬢を引退。

そして、キャバ嬢のみゆうとしての人生に幕を閉じました。


いつもより、少し早く美容室に行き、髪をキレイに整えてもらって出勤。

この6年半のルーティンだったことだけど、これが最後だと思うと、背筋がピンと伸びる気がした。

緊張しながら店の扉を開けると……飾り付けられた店内に、大きな声が響き渡った。

「みゆうさん、6年半お疲れさまでした〜！」

綾田社長や松下副社長、ヌマ、アナゴ——。黒服のみんながそろって出迎えてくれた。

ノアちゃんが豪華な花束を手渡してくれた。ついでに誰かがギャグで灰皿を手渡してきたのは、笑ったけどな（笑）。

拍手の渦の中、「ハッピーバースデートゥーユー」の曲のメロディに合わせた替え歌をみんなが歌ってくれた。

「♪6年半おつかれ〜、6年半おつかれ〜！」

歌とともに出てきたのは、私の顔を描いた特大のケーキ。

憧れのりょう様も忙しい中、駆け付けてくれた。

6年半前、エースグループに入った時には、こんなに大勢の人に囲まれて幸せな最後を迎えられるなんて、思ってもみなかった。


いつもの営業は20時からだけど、この日は前倒しで19時開店。

それでも、19時前には店の前に行列ができていたらしい。

なんとありがたいことに2時間待ってようやく入店できたお客様もいたんだって！


「引退式、行くからな」

事前にそう連絡してくれていたお客様の数からすると、全部で70組ぐらいかなぁと思っていたけど、結果的に101組！

あっという間に満席。

これじゃ、とてもすべてのテーブルを回って、ゆっくり話してる時間がない！

トイレに行く時間すらない！

シャンパンを選んでもらう→準備する間に他のテーブルを回る→開栓する時にまた戻って記念撮影をする。

そんな超慌ただしい状況でも、社長の仕切りのおかげで、なんとかほぼすべての席を回ることができた。

怒濤のごとく開いていくシャンパン。

高級シャンパン「ソウメイ」が6本セットになっている「ソウメイアタッシュケース」(ひとつ275万円！)も、どんどん開いていく。

2000万円、3000万円クラスのシャンパンタワーに、次々と注がれていくお酒。

自分が思い描いていた以上の光景だった。

毎週通ってくれて、私をナンバーワンにしてくれたお客様。

夜の世界に入れてくれたスカウトマンの海洋くん。

中には、「初めてキャバクラに来た」っていう女の子もいた。
3人の親友、えりさ、あやちゃん、ゆめも駆けつけてくれた。
本当にいろんな人が私のキャバ嬢としての最後の姿を見に来てくれた。
泣くつもりなんて全然なかったのに、最初から涙が流れて止まらなかった。

最後のお客様は、私をエースに連れてきてくれた、結城ちゃんだった。
結城ちゃんはこの日入れてくれたシャンパンを、自分の手で開けたいと言ってくれた。
私の目の前で、現役最後のシャンパンがポンッと開く。
この店で過ごした6年半の出来事が、頭を駆け巡った。
初めてエースに来て、そのキラキラぶりに圧倒されたこと。
社長にクビ宣言された時のこと。
初めて1位になった日のこと……。
いつも、結城ちゃんは応援してくれた。
最後に、どうしても言いたかったことを伝えた。
「みゆうを見つけてくれて、ありがとう。結城ちゃん」
また、涙が出てきた。

最後のお客様をお見送りして、お店の扉を閉める。

社長が駆け寄ってきてくれて、ギュッと抱きしめられた。

「おめでとう。幸せになってな。みゆうと出会って幸せだったよ」

もう溢れる涙を止められなかった。

「私も幸せです。本当に……ありがとうございました」

社長は大粒の涙を流していた。男泣きだった。

ついでに、ヌマも泣いていた（嬉し泣きじゃないやろな！　笑）。


ちなみに、この日の売上は2億円。

1日で2億円は、私のキャバ嬢人生でも最高の売上額。

閉店後、みんなが開いたシャンパンのボトルを店内にズラリと並べてくれた。

その1本1本が、お客様からの愛。

こんなにもたくさんの愛に囲まれて、嬉しくて嬉しくて、また涙がこぼれた。

入店してから6年半、エースが教えてくれたことは数知れない。
エースのお客様、社長、副社長、スタッフのみんなが、私を育ててくれた。
この店は、私にとって学校のようなところだった。
ここが、私の青春のすべてだった。
もうなんの後悔もない。

〝エースのみゆう〟になって、私は本当に幸せでした。

女の子に好かれる女になる

引退式の時、驚いたのは、女の子だけで来てくれたお客様がたくさんいたこと。

それまで女の子が来店する時は、男のお客様に連れてきてもらった……みたいなパターンがほとんどだった。

つまり、お会計をするのは男性のお客様というワケ。

でも、引退式では、女の子だけのグループや、なんと一人で来てくれた女の子までいた。

「みゆうさんにずっと憧れてて、ひと目会いたかったんです」

「ひとこと、『お疲れさま』って言いたくて」

そう言って自腹でシャンパンを入れてくれた女性のお客様がたくさんいて、これはホンマに嬉しかった。


りょう様が現役プレイヤーだった頃、女の子のお客様がたくさん来ているのに驚いたことがあったんだよね。

キャバクラって基本的に男性のお客様が、キャバ嬢との時間を楽しむ場所だと思ってたから、女の子がキャバ嬢にお金を使うっていうのが信じられなくて。

同性にこれだけ愛されてるりょう様は、すごく人間的な魅力があるんだろうなぁって。

それも私がりょう様に憧れた理由の一つだったんだよね。

一方で、エースに入ったばかりの頃の私は、どう考えても女の子に好かれるタイプじゃなかった。

むしろアンチもたくさんいたし、嫌われるタイプだと思ってた。

そんな私が、今、こんなにもたくさんの女の子に愛されてる。

それが自分でも信じられなかったし、感激するぐらい嬉しかったんだ。

引退式の日、私は直接会うことはできなかったけど、店の前にも私の姿をひと目みたいと集まってくれた女の子たちがたくさんいたらしい。

残念ながら、満席でお店にご案内できなかった女の子もいたし、キャバクラに行ってみたいけど、行く勇気が出なかったり、金銭的に入れないという女の子もいたと思う。

お店だけでなく、SNSにコメントを書き込む形で応援してくれている女の子も今はたくさんいる。

「好き嫌いがハッキリしていて、カッコいいみゆうちゃんが好き」

短所とも受け取れる私の性格を、そんなふうにプラスに捉えてくれている人がいるのは、ホンマに励みになってるんだよね。

みんなが私に会いたいと思ってくれているように、私もファンのみんなに会ってみたい。

これまでは、お店の仕事が第一だったから、なかなか難しかったけど、これからは、みんなと会えるような場所をつくっていけたらいいな。

それが、みゆうの人生第2幕でやってみたいことの一つです♡

大事なことを伝えあって成り立つYouTube

引退してからは、時間ができてYouTubeの公式チャンネルも現役時代より頻繁に更新できるようになった。

エースで働いていた頃は、忙しくてなかなかチャレンジできなかったことにも挑戦して、楽しい動画をたくさんアップしていく予定です。

YouTubeを見てくれている人なら知っていると思うけど、「みゆうちゃんねる」を陰で支えてくれているのが、カゲヤマさんという女性スタッフ。

彼女は、綾田社長が買収した映像制作会社の従業員で、企画段階から一緒に考えて、撮影して、編集の最終調整もやってくれたりしてる。

今ではすっかり腹を割って話せるようになったけど、一度ものすごく関係がギクシャクしたことがあったんだよね。

カゲヤマさんと一緒にやり始めてから半年くらいたった頃だったかなぁ。

ある企画で、私たちの間で伝達不足があって、予定していた撮影ができなかったことがあったんだよね。

その時、「大事なことはちゃんと伝えておいてほしい」って私は指摘したんだけど、カゲヤマさんは押し黙ったまま、なんの反応もなくて……。

そのまま気まずい空気になっちゃったんだよね。

「そのうち向こうから連絡くるやろ」と思ってたけど、いつまで待ってもなにの連絡も全然ない。

「カゲヤマ、やめるらしいで」

松下副社長にそう聞いたのは、何日かたった頃。

もちろん驚いたし、「どういう心境なん？」という思いが頭をぐるぐる駆け巡った。

いてもたってもいられなくなって、カゲヤマさんに電話した。

こういう時、私はＬＩＮＥじゃなくて電話派。

メッセージだと細かいニュアンスが伝わらなかったり、相手の気持ちが読み取れなかったりするから。

それできちんと腹を割って話してみたら、初めて分かったことがいっぱいあった。

この一件が起きる前から、カゲヤマさんは、撮影時間についていろいろと思ってることがあったらしい。

というのは、私がまだ現役で、エースに出勤していたから、撮影のスケジュールがなかなか確保できなくて、深夜に撮影してたりしたんだよね。

それで疲れがたまっていたのと、「もう少し時間を調整してもらえれば、もっといい内容が撮れるのに……」という思いもあったんだって。

でも、それを伝えることができなかったらしい。

そんな時に、私から指摘されたから、思考停止状態になっちゃったみたい。

私はそんなこと全然知らなかったから、「カゲヤマさん、私に遠慮して言えてなかったこと、たくさんあるんやな」って初めて気づいたんだよね。

「黙ってると、気持ちを汲み取れないから、言いたいことあったらなんでも言ってや」

カゲヤマさんにそう伝えた一方で、私もいろいろ考えさせられた。

私は言いたいことはなんでもすぐに口に出すタイプだけど、カゲヤマさんは真逆で、言えずにため込むタイプ。

「不満があるなら言ってくるはず。何も言ってこおへんってことは不満なんてないよね」

って思ってたけど、そうじゃなかったんだよね。

それからは、もっと早い時間から撮影できるように綾田社長にお願いして出勤時間を調整してもらった。

カゲヤマさんも「ここはこうしたい」とか「この時間を使って撮影したい」とか、要望を言ってくれるようになって、すごくスムーズに回り出したんだ。

今となっては、性格が真逆のカゲヤマさんだからこそ、いいコンビになれてるのかなって思ってる。

エースにいる時は、私と黒服さんの意思疎通があれば仕事は問題なくできたけど、これからは、もっと多くの人が私の人生にかかわることになる。

だからこそ、世の中にはいろんなタイプの人がいて、うまくやっていくために気を回したり、「もしかして遠慮してるんかな」って感じとったりすることも、大事なのかもしれない。

この一件が、そう勉強させてくれたような気がしてるんだ。

新たな〝みゆう〟の未来

2022年12月12日。

ついに入籍を果たして、私はカズマくんの奥さんになりました。

これからは、彼が生まれ育った京都に引っ越して、新婚生活を送っていきます♡

本当は、私は11月22日の「いい夫婦の日」に入籍したかったんやけどね……できなかった。

誕生日の11月8日にプロポーズを受けてすぐに、入籍日について話し合ったんだけど、22日までは2週間しかなかったから。

「入籍するまでに社長に報告したり、お互いの家に挨拶行ったり、両家の顔合わせが必要だし、それと並行して引退式の準備もあるやろ？　段取り考えたら2週間じゃムリやって」

カズマくんに諭されて、仕方なく引き下がった。

で、代わりに思いついたのが、12月1日。

なんでかと言うと、引退式が12月2日だったから。

どうしても、引退する前に入籍しておきたかったんだよね。

「先に入籍しておかないと不安」というわけじゃなかったんだけど、やっぱり引退はそれぐらい私にとっては人生の一大事だったから。

先に入籍しておくことで、もう後に引き下がれないようにしたいっていう思いもあったんだ。

結局、12月1日も段取り的に難しくて、12日になったというわけ。

ただし、大安と一粒万倍日が重なる縁起の良い日を選びました♡

この先、結婚式もやるつもりだし、新婚旅行にも行く予定だよ！


今だから言えるけど、エースに入ってからの日々は、自分が自分でいられる時間が少なかったような気がする。

どこかに行くのも、誰かと会うのも仕事の付き合いが大半だった。

常にスマホを肌身離さず持ち歩いて、お客様からのＬＩＮＥを気にして。

それがなくなった今は、ホッとするような毎日を送ってます。

と言っても、ボーッと生きていくつもりは全然ないんだよね。


これからやってみたいことは、いろいろあるよ。

今考えているのは、社長業。

たとえば、下着の会社をやってみたいなぁと思ってる。

インスタに下着姿をアップしてたら、反応がすごく良くて。

私が「これ、買いたい！」って思うようなセクシー系の下着をつくりたいな。

他にも、いろいろ考えているところ。

家事はホンマに苦手なんだけど、これからは料理や掃除をしたり、家のことも頑張ってやっていくよ。


キャバ嬢の第2の人生はさまざま。

自分でお店を開く人もいれば、お金持ちのお客様に水揚げされて、お金をもらいながら生活する……という第2の人生もあったりする。

私は水揚げされて、生活するというのは考えられなかったなぁ。

だって、毎日何をやっていいか分からなくなりそうだから。

「やることがなくてヒマ」っていうのは、私には耐えられない気がするんだよね。

ずっと自分で稼いで生きてきたから、誰かに養われる生活っていうのも私には向いてない気がして。

これからも、やりたいことにどんどんチャレンジしていくつもりだよ。


でも、これまでとは決定的に違うことがある。

今までは、「何が起きても自分で全部引き受けないと」って気を張って生きてきたけど、これからは、一緒に悩んだり喜んでくれる人が隣にいる。

それがこんなに心強くて嬉しいことだなんて――。

エースのエースであることを守るために、全力で走り続けてきた私の人生。

これから私が全力を注ぐのは、一生カズマくん一人。

いつか、私とカズマくんによく似た子供たちに囲まれて、ケーキにろうそくを立てて、家族みんなで「ハッピーバースデートゥーユー」を歌いたいな。

Column

門りょうさんからのひとこと

下着の会社を立ち上げたい――。

みゆうからそう聞いた時は、「ピッタリなもの、見つけてきたな」って思いましたね。

引退後に何をやっていくのか、相談を受けたことはなかったけれど、みゆうなら自分に合ったものを探してくるはずだって信じていました。

彼女は人の指示通りに動いて成功するタイプじゃなくて、自分で道を切り拓いていくタイプ。

だから、周囲がとやかく言うよりも、自分で好きなことを探してチャレンジしたほうが、絶対に上手くいく。

みゆうはスタイルが良くて体もキレイだから、下着なら自分がモデルになって広告塔を務めるのもいい。

まさに彼女にピッタリの仕事です。

キャバクラ時代に培った根性や突破力があれば、きっと新しい世界でも成功できると思います。

引退してからの彼女は、表情も雰囲気も、すべてが柔らかくなりましたね。やはり夜の競争社会を抜け出したことで、ホッとしたところが大きかったんじゃないでしょうか。

追い抜かれるかもしれないプレッシャーを抱えながら働くのは、並大抵のことではなかったと思います。

彼女がエースに入った頃、私はすでにキャバ嬢として現役の第一線を退いていました。もし仮に当時、私も現役バリバリのキャバ嬢だったら、みゆうのことを相当ライバル視していたはず。

きっと、仲良くなんてなれなかったでしょうね。出会うタイミングがズレていなくて、本当に良かったなって、今さらながら思います。

思い返してみると、みゆうとの会話の内容は……ほとんどが男関係の話で、仕事の話って、実はほとんどしたことがないんですよ。

まあ、9割はみゆうが話していて、私は完全に聞き役なんですけどね。

もう数年の付き合いになる私たちですが、一緒に旅行に行ったことは一度きり。日帰りで福岡に遊びに行っただけ。

だから、みゆうが引退した今、二人でのんびり旅行したいねって話している最中なんですよ。

彼女と一緒だったら、どこに行っても楽しめそうな気がします。どこに行っても、9割はみゆうがしゃべっているだろうけど（笑）。

これからは、新しい仕事も充実させながら、どうか心の健康を大切にして、幸せに溢れた時間を過ごしてほしい。

大好きな〝妹〟のさらなる幸せを、心から願っています。

Column

綾田社長からのひとこと

ナンバーワンとして頑張ってきてくれた子たちの卒業は、ひとしおの思いがあります。門りょうちゃん、ノアちゃん、そして、みゆうちゃん……。

みんながいてくれたから、僕の幸せがある。

彼女たちには心から感謝の気持ちしかありません。


キャバクラは、「人」が商品であり、人こそ命です。

経営者の役目は、働いているキャスト、黒服たちをまとめ、束ね、いかにやる気にさせるかにかかっていると言っても過言ではないでしょう。

だから、たとえナンバーワンだとしても、経営者がえこひいきをしているとキャストに感じさせてしまったら、お店が上手く回らなくなる。

「社長は、あの子と仲がいいから、新規のお客様をあの子にばっかり紹介している」

そんなふうにモチベーションを下げてしまうようなら、経営者として失格です。

そのためにも、彼女たちのサポートはするけれども、他の子と同じように距離感を持って接し、決してえこひいきはしないというスタンスでやってきました。

みゆうちゃんは僕と接する時に一種の緊張感を抱いていたようですが、実は僕も同じです。

彼女から「時給を上げないでほしい。その分、私をサポートしてください」と言われたことは、僕にとって大きなプレッシャーになりました。

同時に、「彼女に恥じない自分でなければならない」と、常に僕を戒めてくれたように思います。

だから、みゆうちゃんがYouTubeの公式チャンネルを運営するにあたり、僕は映像制作会社を買収しましたが、彼女のYouTubeからの収益は1円ももらわないように決めました。

お金を受け取って甘い汁を吸ってしまうと「社長にも稼がせているでしょ」という思いが生まれてしまうかもしれません。

そうなってしまえば、厳しい言葉をかけられなくなり、結果的に彼女のためになる指導ができなくなると考えたからです。

また、僕はみゆうちゃんも含め、キャストの女の子をプライベートで食事に誘うことはありません。

社長という立場である僕が誘ったら、たとえ相手がイヤでも断れないですから。

それに、「あの子は誘われてたのに、私は声をかけてもらっていない」「社長はあの子だけ贔屓(ひいき)している」などと、もめごとの原因にもなる。

キャストに対する僕の評価基準は、各人が持つ魅力や才能、努力だけであることを示す、それが僕なりのルールです。

人が商品である仕事だからこそ、想像もしていなかったような嬉しいことも、信じられないぐらい過酷なことも起こります。

人間だから誰しも浮き沈みってあるんですよね。

たとえば、キャストの子に大ピンチの状況が訪れたら……そんな時こそ、一番そばにいて、痛みに寄り添う。

彼女たちの苦しみが深ければ深いほど、僕もその思いが憑依(ひょうい)してご飯が食べられなくなり、体重が何キロも落ちることもあります。

一方で、キャストの子が波に乗っている時は、少し距離を置いて見守る。

僕が隣で見張っていると思うと、彼女たちも調子に乗れないですから（笑）。〝調子に乗る〟って悪い意味で使われることが多いですが、僕はすごく大事なことだと思っているんですよ。

いい波が来ている時に、絶好調感を味わい「私はやれる！」という自信をつけることで自分をどんどん高めていけるからです。

その浮き沈みの繰り返しがキャストの子たちだけでなく、僕のことも成長させてくれているように思うのです。


みゆうちゃんが在籍してくれた約7年。

厳しいことも言ったけれど、彼女が最大限輝けるように、サポートもしてきたつもりです。

そんな僕のことを、彼女はずっと「お父さんみたい」と言ってくれました。

この言葉に恥じないように、僕は彼女にとって、〝正しいお父さん〟であり続けたい。

それが、僕のこれからの願いです。


あらためて、みゆうちゃん、エースに来てくれて、ありがとう。

Column　綾田社長からのひとこと

僕と出会ってくれて、ありがとう。
エキサイティングで幸せな日々を、ありがとう。
絶対に幸せにならな、〝お父さん〟は許さへんで。

Afterword あとがき

ここまで読んでくれて、本当にありがとう。
ねえ、みゆうの歴史、どやった⁉（笑）
印象通り？　それとも少し思ってたイメージと違ってた？

普段、YouTubeでみんなの悩みにズバズバ答えてるけど、自分のこととなると、ちょっと難しかったな。

特にカズマくんとのことは、ずっと言いたかったことだけど、いざ書いてみて、どう受け止められるかなと、今でもドキドキ。

もしかしたら、本を読んでくれた人の中には、ここまで赤裸々に書く必要ないんじゃない？　って思う人もいるかもしれない。

でも、これまでもみゆうは〝ありのまま〟で生きてきたから、やっぱり全部言いたかったんだ。

「好きなものは好き、嫌いなものは嫌い。

一度好きになったものは、とことん好きになってとことん極める！」

その一心でここまで走ってきた。

だからこそ、自分にとって大切なものがみゆうには分かるし、後悔なく生きられるんだと思う。

なりたい自分になるって、自分の〝好き〟を大事にすることから始まるんじゃないかな。

誰かに合わせて「なんでもいい」だったり、投げやりになって「どうでもいい」が口癖の毎日を送ってたら、絶対に欲しいものなんて手に入らない。

人生一度きりやし、人の考えで生きてたって、全然面白くないもん！

自分の〝好き〟はどこにあるのか敏感になって、まずは「これ、好きやわ」って自分が思うことやものを集めてみる。それで好きなものに、とことん向き合ってみる。

そのうちに、自然と応援してくれる人たちが現れて、気づけば好きな人や好きなものに囲まれて、幸せを感じられるようになるはず。

そんなふうに、みゆうは思うよ。

この本は、まさに、みゆうの〝好き〟がたくさん詰まった一冊。

しかも大好きな人たちが協力してくれたから、より大大大好きで、大切な本になりました。

皆さん、いつもいつも、みゆうの好きからくるワガママを叶えてくれて、ホンマにありがとうございます。

この先も、きっと、迷惑かけると思う（笑）。だけど、ずーっと深く濃くお付き合いしてもらえたら嬉しいです♡

そして、読んでくれたみんなにも、みゆうの〝好きのカケラ〟が一つでも伝わったらいいな。

この先もみゆうは、なりたい自分になるために、ひたすら〝好き〟だけを追いかけ続けていきます！
応援してもらえると、めちゃくちゃ嬉しいです♡
どうかこれからも、ありのままのみゆうを、どうぞよろしくお願いします。

2023年3月

岡田実優

Location

撮影協力

Aroma'n SPA. CAT_BO

目黒 panorama

※衣装・アイテムはすべて本人、またはスタッフの私物です。

お問い合わせはご遠慮いただきますようお願い申し上げます。

Staff

装丁・本文デザイン	藤崎キョーコ
編集協力	音部美穂
撮影	新田桂一
撮影アシスタント	馬籠匠
写真協力	畠山祐二
ヘアメイク	memi
プロデュース	入江巨之（サムライパートナーズ）
	箕輪厚介（幻冬舎）
編集	山口奈緒子（幻冬舎）

みゆう

1995年11月8日大阪府生まれ。18歳で夜の世界へ。ミナミのガールズバーで勤め始めてすぐにトップに躍り出ると、20歳で北新地の人気キャバクラ「CLUB A」に入店。2018年にナンバーワンとなって以降、その座を守り続け、2021年に「CLUB A」で殿堂入りを果たす。2022年12月2日をもってキャバクラ嬢を引退。以後はYouTube活動とともに、会社経営を行う。

好きしかいらない！
最速でなりたい私を手に入れる方法

2023年３月25日　第1刷発行
2023年３月31日　第2刷発行

著者　みゆう
発行人　見城 徹
編集人　森下康樹
編集者　山口奈緒子

発行所　株式会社 幻冬舎
〒151-0051 東京都渋谷区千駄ヶ谷4-9-7
電話：03（5411）6211（編集）
03（5411）6222（営業）
公式HP：https://www.gentosha.co.jp/

印刷・製本所　中央精版印刷株式会社

検印廃止

ISBN978-4-344-04094-6 C0030

この本に関するご意見・ご感想は、
下記アンケートフォームからお寄せください。
https://www.gentosha.co.jp/e/